Guardiana de la Sabiduría

Mi Extraordinario Viaje para Liberar el Sagrado Interior

Chloe Kemp

Awaken Your Divine Path Press

Awaken Your Divine Path Press
Arden, Carolina del Norte

http://www.ChloeKempWisdomKeeper.com

Awaken Your Divine Path Press - edición impresa mayo 2022

Datos de catalogación de la Biblioteca del Congreso

La Guardiana de la Sabiduría: Mi extraordinario viaje para liberar el sagrado interior /Chloe Kemp

Número de control de la Biblioteca del Congreso: 2022904915

ISBN (Print): 979-8-9858269-2-0

ISBN (Ebook): 979-8-9858269-3-7

Elogios Previos

"El sincero viaje de Chloe realmente está aquí para inspirarnos a todos. Nos muestra el poder de la sanación espiritual y la conexión entre los retos a los que nos enfrentamos y cómo estos están aquí para despertarnos hacia nuestra grandeza. Lleva al lector a un viaje de la oscuridad a la luz, de la lucha a la libertad, del miedo al amor. Gracias, Chloe, por este increíble viaje. Una lectura obligatoria para todos los que quieran una verdadera transformación".

— Dra. Shannon South, Terapeuta Premiada, Autora de Best Sellers y Fundadora de Programas de Negocios e Ignite Your Life

"Cada experiencia escrita por Chloe sobre sus memorias espirituales tiene un propósito curativo. Ella comparte procesos de sanación en el reino físico, emocional y espiritual, mostrándonos nuestra capacidad de utilizar todos los niveles de energía para lograr una sanación profunda y duradera. Chloe nos revela la importancia de la conexión con el mundo espiritual, el mundo físico y nuestras vidas pasadas hasta el presente. Nos recuerda que somos esenciales en el universo; cuando sanamos, también sanan nuestros seres queridos, las personas que nos rodean y la tierra. Chloe muestra por qué es importante estar conectado tanto con los elementos de la tierra como con los del mundo cósmico. Comparte cómo utiliza la energía curativa física, emocional y espiritual para liberarse de las dificultades y el trauma. Chloe nos inspira a hacer lo mismo. Bien hecho. Lo aprecio mucho. Este libro es realmente para todo el mundo".

—Eduardo Morales, Curandero Chamán, Tepoztlán, Morelos, México

"GUARDIANA DE LA SABIDURÍA está llena de maravillosas experiencias personales sobre el poder de la sanación, las visualizaciones, los sueños y la escucha de nuestras voces interiores. Chloe Kemp describe encuentros con otros en una multitud de niveles, incluyendo seres sagrados, chamanes y otros seres humanos de alma profunda. Este libro inspira al lector a profundizar en su interior e invitar a que emerja su propio sanador personal. Chloe nos ayuda a comprender que todo es posible".

— **River Guerguerian, Sanador por Inmersión en el Sonido, Músico, Compositor y Educador**

"Habiendo conocido y trabajado con Chloe personalmente, sé que es una mujer genuina con una misión y una clara determinación de cumplir su propósito en esta vida. Ha seguido la llamada del Espíritu no solo para compartir historias de su vida y la sabiduría que ha adquirido, sino también para tejer energías y expresar una frecuencia de conciencia que tiene una forma de llevar a su lector a un estado más profundo de conciencia y potenciar su propio e individual viaje. El libro de Chloe ilumina nuestra capacidad de reconectar con el origen de lo que nos hace a cada uno una parte especial del plan Divino, y lo hace de una manera muy humilde y accesible".

— **Michael Brasunas, Sanador Energético Holístico**

"¡Esto fue muy bueno! Muy entretenido, revelador y atractivo, así como informativo y práctico. Tienes un buen tono de conversación que también es motivador e inspirador. Se siente como si estuvieras compartiendo información con un buen amigo. El ritmo fue muy bueno; no hubo partes lentas. Tienes una manera de hacer que toda la información sea relevante e interesante, como si estuvieras hablando directamente al lector en lugar de a un público general y vago. Puede que mucha gente no conozca tus ideas, pero haces un excelente trabajo comunicando esas ideas y relacionándolas con hechos reales de tu vida. Presentas un caso fuerte ilustrando los beneficios para tu propia vida, sobre por qué todo esto debería ser de interés para los lectores, y cómo puede ayudarles en sus propias vidas. Este es un gran libro sobre cómo vivir una vida más plena, más feliz y más pacífica que beneficiará a uno mismo y a otros en el mundo".   **—Susan, EE.UU**

"La narración es inmensamente cruda y profundamente personal. La lucidez del lenguaje y la fluidez sin esfuerzo se me metieron en la piel. Me ha hecho reflexionar, me ha dado esperanza y, al mismo tiempo, me ha aportado un toque de suspenso. Me sentí involucrado y me hizo sentir completamente emocionado. El asombro fue real".   **—Abantika, India**

"Tu fuerza de claridad y soltura brotaba de cada página. No hubo bajones ni capítulos que no cumplieran con los altos estándares que tú estableces. Siempre parecía que la experiencia del lector estaba en tu mente, incluso en el diálogo, que siempre era claro y fácil de seguir. Cada palabra pronunciada tenía un propósito. Tu voz es suave y complementa bien el contenido. Atrae al lector hacia los acontecimientos y la esencia de tu mensaje, sumergiéndolo en tu mundo. El uso de tus propias experiencias para afirmar tu punto de vista ayudó a construir una relación personal con tu lector. Todos tus personajes tenían un propósito y hacían avanzar la narración. El flujo del tiempo y la sensación de travesía hicieron que estuviera deseoso de saber qué sería lo siguiente que aprendería y experimentaría".   **—Matt, Reino Unido**

"Como muchos han dicho, tienes un don para la sanación espiritual. También tienes un don para contar una historia. Me he enganchado completamente y he creído de verdad en esta historia. Tienes un maravilloso tono de conversación. Siento que le hablas directamente al lector, lo que le invita a entrar aún más en la historia que estás contando. El tono del libro es muy esperanzador y sincero, con mensajes alentadores de ser tu yo auténtico. Has creado una historia convincente, interesante e importante".   —**Jessica, EE.UU**

"Sus inspiradoras memorias son atractivas y provocan la reflexión en todo momento. Reúne las más altas percepciones espirituales y marcos prácticos que todo el mundo puede entender y aplicar. Estoy segura de que será bien recibido".

—**Louise, Australia**

"¡El ritmo y la fluidez de la historia son perfectos! Pude imaginar cada escena en mi mente. El estilo de escritura es increíble. Todo tiene sentido. Tus experiencias vitales son muy únicas. Sentí que estaba en un mundo mágico donde los milagros pueden ocurrir. Tu historia es inspiradora y motivadora".

—**Taibaya, Pakistán**

"¡Este libro es una lectura fascinante"!   —**Caleb, EE.UU**

"Este intrigante libro está bellamente escrito. Ha sido realmente revelador. Me he preguntado cuántos de mis propios problemas tendrían sentido o estarían más cerca de resolverse si encontrara una sanadora como Chloe o las que menciona en sus libros".

—**Megahlee, India**

"Vuelves a contar acontecimientos, sueños y momentos de tu vida de una manera muy atractiva que no solo es agradable, sino que también invita a la reflexión".   —**Josh, EE.UU**

"Como todo el mundo tiene sus altibajos, GUARDIANA DE LA SABIDURÍA ayudará a convertir la enfermedad en salud y la debilidad en fortaleza. Chloe, un alma hermosa, comparte sus experiencias vitales y sus retos en un estilo conversacional sencillo. Ella enseña que una mente abierta y el poder del pensamiento pueden sanar cualquier situación".

—**Aneela, Pakistán**

"Tu historia es muy notable".   —**Michael, EE.UU**

Dedicación

Dedico este libro a todos los que he encontrado en mis viajes espirituales. Un agradecimiento especial a mi hijo, Cameron, que ha seguido animándome y apoyándome para crecer y sanar.

Contenido

⎯⎯⎯⎯⎯ ᎧᎧᎧ ⎯⎯⎯⎯⎯

POEMA   Una Luz Que Brilla.................................... 1

INTRODUCCIÓN 3

CAPÍTULO 1   Primer Gran Milagro de Sanación.............. 9

CAPÍTULO 2   La Exploración del Mundo de los Sueños.............. 12

CAPÍTULO 3   Diagnóstico Devastador de una Enfermedad
                   Incurable 16

CAPÍTULO 4   Ahondando en el Tema............................. 22

CAPÍTULO 5   Recordando cómo Sanar a los Demás............. 30

CAPÍTULO 6   Regresión Guiada a Vidas Pasadas............. 35

CAPÍTULO 7   Visiones: 2010-2011................................ 43

CAPÍTULO 8   Más Claridad: 2012................................ 49

CAPÍTULO 9   2013: Viejos Retos y Nuevos Comienzos 54

CAPÍTULO 10   2014-2016: A Veces Puedes Necesitar un
                   Descanso Espiritual.................................. 61

CAPÍTULO 11   2017 – Ecuador Chamán, Vidas Pasadas,
                   Mediumnidad.. 69

CAPÍTULO 12   Primavera de 2018: Crisis de Salud Inesperada.........75

CAPÍTULO 13   2018: San Miguel de Allende, México
                   Sanaciones, Activaciones, e Iniciaciones.................... 89

CAPÍTULO 14   Primavera de 2019 Europa Despierta más
               Recuerdos de Vidas Pasadas............ 99

CAPÍTULO 15   Hacer las Paces con las Visiones que Predecían
               un Desastre Mundial............ 104

CAPÍTULO 16   La Noche Oscura del Alma............ 114

CAPÍTULO 17   Otoño de 2020: Principales Transformaciones
               Espirituales y Personales............ 120

CAPÍTULO 18   El Trabajo Sagrado............ 134

CAPÍTULO 19   La Conexión Entre los Millennials, la
               Generación Z, y Los Alfas............ 140

CAPÍTULO 20   Cómo Encontrar tu Voz Intuitiva............ 146

CAPÍTULO 21   Creación de una Práctica Espiritual Regular............ 158

CAPÍTULO 22   Comprendiendo tu Despertar Espiritual............ 167

CAPÍTULO 23   Cómo Iniciar tu Viaje Espiritual de Sanación............ 174

CAPÍTULO 24   Una Visión General de las Opciones Curativas
               Alternativas............ 180

CAPÍTULO 25   La Sanación es un Proceso Continuo............ 204

CAPÍTULO 26   Cómo Puedes Ayudar a Sanar al Mundo............ 213

CAPÍTULO 27   Llega el Equipo de Rescate............ 232

EPÍLOGO   La Energía de las Ballenas............ 238

PALABRAS DEL ÍNDICE............ 240

EXPRESIONES DE GRATITUD............ 244

SOBRE LA AUTORA............ 245

Una Luz Que Brilla

Por Caleb Beissert

No es útil preocuparse
debes pensar
puedes con esto
puedes hacer esto

cuando piensas
quiero un trago de agua
tu mano coge el vaso
lo eleva a tus labios

te subes a una ola infinita
coloca tu dedo en el agua
mira cómo se crean
más olas miniatura

puedes ver el reflejo
de las estrellas, pero si intentas
tocarlas, desaparecen

podemos ser las olas
que se guían unas a otras
podemos ser la tormenta
de la que nos aparta

nos dirigimos a las playas soleadas
al borde del tiempo
a los huertos
en los que descansamos en los veranos

convierte tus pensamientos
en lo que te sana
incluso en la oscuridad

Introducción

───────── ❧ ❧ ❧ ─────────

Un día, mientras jugaba con mi hijo de dos años, se volteó hacia mí y me preguntó: —¿Por qué has tardado tanto?

Le respondí:

—¿Tardé tanto en qué?

Sin dudarlo, me contestó:

—He tenido que esperar mucho tiempo para que estuvieras lista para que yo viniera aquí y naciera.

Él me miró como si sus palabras fueran tan rutinarias como preguntarme qué íbamos a cenar.

Comprendí lo que quería decir, pero aun así me pareci ó "alucinante" que mi hijo de dos años me hablara de vidas pasadas. Su pregunta no me alarmó ni me asustó; el concepto de vidas pasadas no era nuevo para mí. Llevaba teniendo regresiones a vidas pasadas desde los veinte años. Cuando recurres a un terapeuta de regresiones a vidas pasadas, te llevan a un estado hipnótico relajado para explorar tu pasado.

Recordé haber leído que no es raro que algunos niños recordaran vidas anteriores.

Le pregunté:

—¿Qué más recuerdas?

Su respuesta me hizo creer firmemente en las vidas pasadas, ya que empezó a describir un planeta en el que había vivido. Me dio los detalles exactos de un lugar que yo había visto durante una regresión de vida pasada unos cinco años antes. Ambos recordábamos un planeta avanzado con tecnología sofisticada y comunicación telepática.

Con anterioridad a esta conversación, aún tenía cierta incertidumbre sobre la reencarnación. Cuando mi hijo, que era demasiado joven para conocer el concepto, empezó a recordar otras vidas, y pudo hablar de ello con mucha coherencia, todas mis dudas desaparecieron.

Es difícil asimilar el concepto de vidas pasadas. Una vez que te abres a la posibilidad, surgen patrones y conexiones. Puedes conocer a alguien nuevo y tener una fuerte sensación de familiaridad, como si ya lo conocieras. O bien, visitas un lugar nuevo y tienes recuerdos de haber estado allí, aunque nunca lo hayas visitado en esta vida. Los sueños también pueden ser una puerta para recordar otras vidas.

Una gran lección que he aprendido a lo largo de los años es no asumir que lo que recuerdas o "ves" es solo tu imaginación o una coincidencia aleatoria. Entiendo que puede ser un reto permanecer abierto. Al principio, cuando tenía visiones y recuerdos de vidas pasadas, decía: "Esto es una locura. Quizá me lo estoy inventando". Gradualmente, confié más en mí misma.

Durante este tiempo, el Espíritu también me regaló una forma de confirmar que estoy en presencia de la Divinidad. En esos momentos, pequeñas lágrimas Divinas brotan en mis ojos. Las primeras veces que ocurrió, lo descarté como una coincidencia. Más adelante, empecé a confiar en este proceso; me encanta tener la capacidad de tener un "detector de la verdad" para mi trabajo espiritual.

La primera vez que recordé una vida pasada por mi cuenta fue a principios de los 80, cuando seguía teniendo pensamientos confusos sobre un nuevo amigo. Cada vez que estábamos juntos, tenía visiones de una vida en París. En un principio, mis recuerdos parecían aleatorios. Pero las visiones y los recuerdos de París persistían. Nunca se lo mencioné, ya que no entendía del todo la conexión con vidas pasadas.

Sin saber qué creer, recordé que estaba obsesionada con el cancán cuando era niña. En quinto grado, coreografié y diseñé trajes de cancán para el concurso de talentos de mi escuela. También interpreté el cancán en dos musicales. De adulto, volví a coreografiar y diseñar trajes y convencí a mis amigas para que interpretaran el cancán en Nochevieja en el legendario local musical de Austin, el Armadillo World Headquarters. Teniendo en cuenta mi temprana obsesión por el cancán, y estos sentimientos sobre París con mi amigo, di un salto de fe para creer que mis recuerdos de París no eran solo mi imaginación.

Treinta años después, conocí a un chamán mientras vivía en Ecuador. Él tuvo una familiaridad instantánea. Los dos empezamos a recordar múltiples vidas pasadas que tuvimos juntos. Y lo que es más sorprendente, me dijo que desde su infancia había tenido un sueño recurrente en el que vivía en

París. Era camarero y siempre aparecía la misma mujer en el sueño. Lágrimas divinas corrieron por mis mejillas mientras él hablaba de su vida en París. Me di cuenta de que yo era esa mujer, y que él debía ser parte de la razón por la que París tenía tanto significado para mí. En ese momento, tuve una clara visión de ser bailarina en el Moulin Rouge. Dos años más tarde, fui a París y recibí mucha más claridad, sanación y cierre sobre mi vida pasada allí.

¿Cómo puede ayudarte en esta vida la rememoración de una vida pasada?

El impacto de los eventos en una vida pasada a menudo puede aparecer en otra vida. Yo hago trabajo intuitivo de sanación energética chamánica, incluyendo la limpieza de energía oscura y bloqueos, y la sanación de problemas emocionales, mentales, físicos y espirituales. Trabajando con mis Guías Espirituales, entro en un estado de trance, lo que me permite visitar otras dimensiones para ayudar en mis sesiones de sanación energética. Todos tienen acceso a los Guías Espirituales o a los ancestros de otras dimensiones que aparecen para ayudarte. Mis Guías Espirituales me orientan sobre qué hacer y sobre en qué partes del cuerpo trabajar durante una sesión.

En 2010, vi la vida pasada de una clienta durante su sesión de energía conmigo. Aunque he recordado muchas de mis vidas pasadas, nunca había recordado las vidas pasadas de otras personas con tanto detalle.

Primeramente, mis Guías Espirituales me indicaron que colocara mi mano izquierda en su vientre. Cada vez que intentaba colocar esa mano en otro lugar, mis guías insistían en que no la moviera. Luego me dijeron que traería mi tocado de plumas de nativo americano de otra habitación.

Como hago mi trabajo de sanación en trance, dudé, ya que no quería perder mi estado de trance ni dejarla sobre la mesa. Mis guías seguían insistiendo, así que la recuperé rápidamente. Cuando volví a la habitación, tuve una visión inmediata de ella como diosa en Egipto. Durante la visión, ella llevaba una elaborada corona de plumas.

Al colocarle la corona de plumas en la frente, me transportó a un templo del antiguo Egipto. Vi a mi clienta tumbada en una mesa del templo; un hombre entró y empezó a apuñalarla en el vientre. Teniendo dificultades para matarla, tuvo que apuñalarla casi veinte veces antes de que muriera. Sus emociones fueron el miedo, seguido de la confusión, la ira y la tristeza.

Era un hombre al que conocía y en el que confiaba. Su traición la abrumó. Experimenté sus emociones durante el apuñalamiento en Egipto con tanta intensidad que las lágrimas corrían por mi cara mientras sollozaba en silencio. Fue como sustituirla en la experiencia de su muerte.

Me sorprendió lo rápido que cambió la sesión una vez que coloqué la corona de plumas en la frente de mi clienta. Aunque me resistí a la petición de mis Guías Espirituales de ir a la otra habitación para coger la corona, resultó ser una pieza de información importante que me permitió ver la vida pasada de mi clienta en Egipto. Como diosa, llevaba una elaborada corona de plumas. Apenas le puse la pluma en la frente, su vida en el antiguo Egipto se me apareció, tan clara como ver una película.

Honrar lo que el Espíritu te guía a hacer, aunque lógicamente tenga poco sentido, es importante cuando se trata del mundo espiritual y de la sanación alternativa. Es una forma de renunciar a tu ego y confiar en la Divinidad, lo que despeja el camino y crea espacio para los milagros.

Después, le pregunté si había notado algo durante la sesión.

—Sí, tuviste tu mano en mi vientre todo el tiempo. Normalmente, no dejo que nadie me toque el vientre, ni siquiera mi marido.

—Eso no es sorprendente. Vi en una antigua vida egipcia que alguien conocido te asesinó. Hicieron falta múltiples puñaladas en tu vientre para matarte.

Ella respondió:

—¡Vaya! Tu habilidad para acceder a mi vida pasada y limpiar la herida de la puñalada se siente literalmente como si hubieras quitado un cuchillo de mi estómago. Acabo de tener una transformación energética asombrosa y empoderadora. Gracias por proveer un ambiente relajante y seguro para la recuperación de la energía de mi alma. Me impresiona que hayas podido canalizar una energía tan poderosa. Ahora puedo entender y superar mi lucha kármica en esa vida.

Capítulo 1

Primer Gran Milagro de Sanación

――――――――― ༄༅༅ ―――――――――

A finales de mis veinte años, quedé embarazada y aborté. Estoy a favor del aborto, pero esperaba no tener que tomar nunca esa decisión. Resulta que puede ser mucho más difícil en la vida real. Mi marido argentino no estaba preparado para afrontarlo. Incrédula, esperé hasta el último momento para interrumpir mi embarazo. Ya teníamos problemas matrimoniales; esta fue la gota que colmó el vaso para mí.

Aunque él me impulsó a abortar, no hizo nada para ayudarme a afrontar esta decisión. Demasiado avergonzada para pedirle a una amiga que me acompañara, cogí un taxi. En la sala de recuperación, lloré sin parar. Me arrepentí de mi decisión, pero ya era demasiado tarde.

Tuve pesadillas relacionadas con el aborto. Un sueño recurrente me mostraba poniendo un bebé en el triturador de basura y encendiendo el interruptor. Tenía sueños frecuentes sobre el cuidado de un bebé, en los que ocurrían muchos desastres, mostrándome incapaz de cuidarlo.

Unos años más tarde, desarrollé endometriosis, una condición médica en la que el revestimiento del útero crece en otras partes del cuerpo, causando dolor y sangrado abundante. Me sometieron a una cirugía exploratoria, me limpiaron todo y, con el tiempo, volví a tener problemas.

Después de tres operaciones, encontré otro médico, un cirujano reconocido y experto en fertilidad. Aunque no estaba intentando quedar embarazada, quería un médico que tuviera mucha experiencia con la endometriosis. Mientras me preparaban para mi cuarta laparoscopia, el cirujano me llevó a la zona de rayos X para hacerme una ecografía vaginal. Al volver a mi habitación del hospital, me dieron un medicamento para adormecerme. Antes de llevarme al quirófano, el cirujano nos detuvo en el pasillo.

—Lamento tener que hacer esto, pero he observado un tumor importante durante la ecografía. Necesito que me des permiso por escrito para poder extraerlo.

Aunque estaba adormecida por la medicina, me detuve un momento antes de firmar el papel y me dije: —Ya estoy lista.

Cuando me trasladaron de la sala de recuperación a mi habitación del hospital, el cirujano entró a hablar conmigo. Lo que dijo me sorprendió.

—Me gustaría que me contaras lo que ha pasado. Cuando te abrí, el tumor había desaparecido. La única explicación es un milagro.

Continuó.

—También esperaba ver tejido cicatricial de tus tres cirugías anteriores. No había ninguna, lo que también es milagroso.

Todavía aturdida por la operación, comprendí lo significativo que era para el médico explicar esta experiencia como un milagro. Tardé un tiempo en comprender el poder y el impacto curativo de decir "ya estoy lista" justo antes de la operación. Al principio, pensé que se refería a haber terminado con las cirugías.

Además de la endometriosis, desarrollé una estenosis cervical, una enfermedad en la que la abertura del cuello uterino es mucho más estrecha de lo normal. Tuve que pasar por una dolorosa intervención para abrirlo. Luego, el médico me diagnosticó enfermedad inflamatoria pélvica y pólipos uterinos.

Mi práctica espiritual me ha enseñado a esperar y reflexionar con las cosas, permitiendo que las respuestas fluyan hacia mí. En algún momento, todo encajó. Me di cuenta de que los sueños y los problemas médicos estaban relacionados con el aborto. Me costaba mucho perdonarme a mí misma.

Lo que me sorprendió cuando miré la lista de problemas médicos, es que me di cuenta de que todos ellos pueden causar esterilidad en las mujeres. Inconscientemente había estado haciendo todo lo posible para no volver a quedar embarazada. Sentía que no merecía un bebé por culpa del aborto.

Mi momento de "ya estoy lista" antes de la cuarta intervención quirúrgica significaba que había terminado de castigarme a mí misma. No había forma de cambiarlo; nada me devolvería a ese bebé. Así que recé y envié amor al alma de mi dulce bebé por nacer. Dos años después, di a luz a mi hijo.

Capítulo 2

La Exploración del Mundo de los Sueños

———————— ꙮ ————————

Los sueños pueden ser una poderosa puerta de acceso a la sabiduría espiritual, a la información, a los mensajes del Espíritu Guía y a la sanación. He tenido sueños vívidos desde la infancia. Algunos parecían premoniciones que predecían el futuro, pero me convencí de que eran solo una coincidencia. No podía imaginar que mis sueños y visiones proféticas fueran reales en ese momento de mi vida.

A los veinte años, asistí a un curso sobre sueños, con la esperanza de comprender mejor una pesadilla que comenzó cuando tenía tres años y continuó hasta mi vida adulta. Era un sueño aterrador. Un gran monstruo se arrastraba entre las paredes y el suelo de mi habitación. Petrificada, gritaba pidiendo ayuda, pero nadie venía a ayudarme. Entonces, empezaba a correr para escapar. Me despertaba gritando, con mis piernas moviéndose tan rápido como podían para escapar.

El profesor nos enseñó a programar nuestros sueños. Cada semana me hacía cambiar algo en el sueño. Quería ayudarme a potenciarme en el sueño. Primero, me sugirió que pidiera ayuda a las personas de la otra habitación. Al intentarlo, nadie vino a ayudarme. Así que su siguiente sugerencia fue poner una pistola en el sueño.

—Lo siento, me incomoda poner una pistola en el sueño.

Me explicó:

—No es necesario usar la pistola. Solo quiero que esté ahí para que te sientas segura.

—Pero esa es la cuestión. Soy extremadamente antiarmas. No me hará sentir segura poner una pistola en el sueño.

Él respondió:

—De acuerdo. ¿Y si ponemos un perro en el sueño para que te proteja?

—Gracias. Me parece perfecto.

—Recuerda que el perro está ahí para protegerte. Como te está protegiendo, no será necesario que corras o grites. Puedes decirle al "monstruo" que, si no se va, el perro lo va a morder.

¡Vaya! En retrospectiva, qué solución tan sencilla. La pesadilla recurrente que había tenido durante más de veinticuatro años desapareció.

Sueño lúcido

Esta experiencia de aprender a entender y programar mejor mis sueños me ayudó a convertirme en una soñadora lúcida. Si eres un soñador lúcido, experimentas el sueño en múltiples niveles. En algún momento, eres consciente de que estás soñando y te conviertes en un observador del sueño. También puedes estar en el sueño. Una parte de ti también puede dar un paso atrás y analizar todo mientras sueña. Cuando mi sueño lúcido es profético, mis Guías Espirituales me dicen que preste atención porque es un sueño de visión importante.

Después de un sueño lúcido cuando tenía unas veinticuatro semanas de embarazo, acepté que mis sueños de visión profética eran reales. En este breve sueño, me vi en la sala de partos. Inicialmente feliz y emocionada, me di cuenta de que no estaba haciendo ninguna respiración especial para el parto. Como mis planes incluían un parto natural, eso me pareció extraño. En la sala de partos, vi un calendario en la pared con la fecha del 16 de septiembre de 1986. Me di cuenta de que no estaba haciendo la respiración Lamaze porque la fecha de parto de mi bebé era el 27 de noviembre y las clases de preparación para el parto no habían empezado.

A la mañana siguiente me desperté con ligeros calambres. Normalmente no me habría preocupado; no parecía importante. Sin embargo, como mi sueño me mostraba un parto prematuro, llamé a la consulta del médico. Me sorprendió que me dijeran que acudiera inmediatamente.

Cuando faltaban meses para la fecha del parto, mi útero había empezado a adelgazar y mi bebé había caído en el canal de parto. La doctora me envió a casa con instrucciones de que me quedara en la cama y que la llamara al día siguiente. Cuando llamé, la doctora me dijo que volviera y que me preparara para ir al hospital. El examen mostró que estaba en parto activo.

Pasé una semana en el hospital conectada a todo tipo de máquinas y medicamentos. Nada funcionaba para detener el parto. En un momento dado, me trasladaron a una sala de partos porque pensaban que el nacimiento sería inminente. Había otro medicamento muy experimental que no habían probado. El 16 de septiembre, la misma fecha que vi en el calendario en mi sueño, ese último medicamento detuvo el parto. Pasé el resto del embarazo en reposo.

Si no fuera por el sueño lúcido sobre el parto prematuro, es probable que mi hijo hubiera nacido a las veinticuatro semanas. Mi voluntad de prestar atención al sueño salvó la vida de mi hijo.

Desde aquel sueño lúcido de hace treinta y cuatro años, ha habido una plétora de sueños de visión profética. Siempre honro a mis Guías Espirituales cuando me dicen que preste atención a determinados sueños.

Capítulo 3

Diagnóstico Devastador de una Enfermedad Incurable

———— ৵৹৻ ————

n 2003, me di cuenta de que mis pies y la parte inferior de las piernas parecían entumecidos la mayor parte del tiempo. Supuse que era un problema de circulación, así que acudí a un cardiólogo. Después de su examen y pruebas, dijo que todo parecía estar bien, pero me sugirió que viera a un neurólogo.

El neurólogo me hizo algunas pruebas en su consulta y luego me mandó a hacer una resonancia magnética. Nunca mencionó lo que estas pruebas podrían revelar. Cuando el técnico terminó de ver la resonancia magnética, me hizo una pregunta que me sorprendió.

—¿Desde cuándo cree su médico que tiene esclerosis múltiple?

Respondí:

—¡¿Qué?! Nadie me ha mencionado nunca la esclerosis múltiple.

El técnico respondió:

—Oh, no. Lo siento mucho; creía que lo sabía. Cuando comenté los resultados con mi neurólogo, me sugirió hacer más pruebas. Es difícil estar segura de un diagnóstico de esclerosis múltiple, por lo que quería ser lo más exhaustiva posible. Realizó más pruebas en su consulta y luego una punción de líquido cefalorraquídeo en el hospital. Basándose en todas las pruebas, la resonancia magnética y la punción de líquido cefalorraquídeo, y descartando todas las demás posibilidades, recibí un diagnóstico oficial de EM en la primavera de 2004.

No me asusté hasta que me dijo que lo que más temía decir a sus pacientes era que tenían esclerosis múltiple. Teniendo en cuenta la cantidad de enfermedades graves que manejan los neurólogos, no podía seguir fingiendo que esto no era un gran problema.

Hizo hincapié en que la esclerosis múltiple es una enfermedad muy grave y progresiva, e insistió en que tomara uno de los medicamentos para la EM. A los pocos meses de estar tomando la medicación, acabé en el hospital porque pensaron que podría tener un ataque al corazón. Los efectos secundarios de toda la medicación adicional que utilizaba para contrarrestar los efectos secundarios del medicamento para la esclerosis múltiple también habían provocado la elevación de todas mis enzimas hepáticas. Cuando salí del hospital, le dije a mi médico que me quitara todos los medicamentos.

—Ya es bastante malo tener que lidiar con la esclerosis múltiple. No estoy dispuesta a que se dañen otros órganos por culpa de todos los efectos secundarios de los medicamentos para la esclerosis múltiple. Encontraré una forma diferente de lidiar con ella.

La esclerosis múltiple desarraigó toda mi vida. Además de la fatiga debilitante, los problemas de coordinación física y del habla, el entumecimiento parcial de las extremidades, la visión borrosa y el dolor intenso, tenía importantes problemas cognitivos. Antes de la esclerosis múltiple, la gente admiraba mis capacidades mentales y decía que mi mente funcionaba como un ordenador. Ahora tenía dificultades para hacer incluso las cosas más básicas.

Tras mi diagnóstico, una enfermera vino a enseñarme a ponerme las inyecciones diarias. Primero me enseñó a hacerlo unas cuantas veces. Luego vi un vídeo. Después, me enseñó una vez más cómo preparar e inyectar la inyección. Entonces, me pidió que lo hiciera yo misma. Mi mente se quedó en blanco. No recordaba nada. Las lágrimas rodaron por mis mejillas: fue la primera vez que me di cuenta del drástico declive de mis capacidades cognitivas.

Cuando alguien me dio el cambio de un dólar y no pude contar el dinero, me sentí desolada. En otra ocasión, olvidé cómo escribir un cheque después de que la cajera me cobrara un carro lleno de comida en el supermercado. Tuvo que escribirlo por mí y enseñarme dónde tenía que firmar.

Dejé de trabajar porque me faltaba la resistencia física y la capacidad mental para continuar. Las últimas semanas antes de coger la baja médica, era necesario hacer múltiples siestas para pasar el día. Me levantaba, me duchaba y luego descansaba antes de tener la energía suficiente para vestirme y comer. Necesitaba una siesta más antes de ir al trabajo. Durante la comida y después del trabajo, tenía que ir a mi coche para echar más siestas. En ese momento ni siquiera tenía energía para ir a la tienda de comestibles. Estando a pocas manzanas de mi casa, cuando llegaba allí, estaba demasiado agotada para salir del coche a comprar.

Mi médico me hizo algunas pruebas cognitivas. Los resultados mostraron que cuando hacía algo que requería mucha concentración y precisión cognitiva, solo tenía un margen de unos treinta minutos. Si intentaba esforzarme más allá de mis capacidades, el único resultado sería el agotamiento absoluto. Tomé la difícil decisión de dejar de conducir.

En otoño de 2004, estaba demasiado débil para cuidar de mí misma. Era agotador hacer las cosas más básicas, como ducharme o cepillarme los dientes. A los cincuenta y dos años, estaba postrada en la cama. Mi madre y mi hermana ya hablaban de ingresarme en una residencia si no mejoraba. Siendo un punto de inflexión personal para mí, juré que de alguna manera me pondría mejor.

Seguí una dieta creada por el Dr. Roy Swank, un neurólogo especializado en esclerosis múltiple. Swank creó esta dieta antes de que hubiera medicamentos para la EM. Es una forma de comer muy saludable para cualquier persona. Básicamente, se trata de una dieta antiinflamatoria: poca grasa, poca azúcar y nada de gluten, legumbres, huevos, productos lácteos ni soja.

El yoga y el ejercicio suave también ayudaron. Poco a poco fui recuperando la fuerza y, afortunadamente, ya no estaba postrada en la cama. Aunque los problemas diarios de la esclerosis múltiple seguían acosándome, encontré una forma alternativa de vivir. A menudo estaba tan enferma que permanecía en cama durante semanas.

La esclerosis múltiple es una enfermedad neurológica progresiva que no tiene cura. Aunque mis síntomas eran cada vez más frecuentes y graves, al menos podía seguir viviendo de forma independiente. El sentido del humor me ayudaba a sobrellevarlo todo. Mi memoria era tan mala que muchas veces tenía que recurrir a las charadas. Al principio, era devastador no reconocer algo sencillo, como una escoba. Recuerdo la primera vez que tuve que describir lo que intentaba comunicar.

—Necesito esa cosa que está en un palo. Cuando lo sostienes, haces esto —(yo hacía la mímica de *barrer* porque en ese momento, además de la palabra *escoba*, tampoco recordaba la palabra *barrer*).

La mayoría de mis amigos aceptaron mis dificultades. Mi hijo podía saber, con solo mirarme, cómo lo estaba haciendo. Si pensaba que me estaba pasando, me sugería delicadamente que me echara una siesta.

Me pareció interesante que, a medida que mi cerebro perdía la capacidad de funcionar bien con las actividades del hemisferio izquierdo, lo compensaba aumentando mis habilidades para utilizar el lado derecho, más artístico, del cerebro. Cuando trabajaba en un proyecto creativo, no me afectaba de la misma manera. No parecía que me afectara tanto si se trataba de un proyecto creativo.

Mi vida siguió cambiando drásticamente con la esclerosis múltiple. Afortunadamente, estos enormes desafíos me devolvieron a mi camino espiritual en gran medida. Cuando tienes algo tan devastador, es reconfortante y fortalecedor el conectar con tu vida espiritual. Sentí que la esclerosis múltiple estaba en mi cuerpo para traerme lecciones; confié en que lo que el Espíritu había planeado para mí estaba bien. Aceptaría y lidiaría con ella si la tenía durante el resto de esta vida. Mi objetivo era afrontar y comprender cualquier lección que la EM me trajera.

Capítulo 4
Ahondando en el Tema

───────── ͻ∩ͼ ─────────

Después de tres años en los que el calor de Florida agravó la esclerosis múltiple y me obligó a quedarme en casa, me mudé a la hermosa ciudad montañosa de Asheville, Carolina del Norte. Me llevó un tiempo darme cuenta de que el Espíritu orquestó mi traslado allí para acelerar mi viaje espiritual. Me llevó a una comprensión mucho más profunda de cómo muchas cosas en nuestras vidas no son solo coincidencias al azar. Si no tuviera esclerosis múltiple, quizá nunca me habría mudado a Asheville. Este traslado reavivó todo mi mundo espiritual.

Después de mi llegada, asistí a la ceremonia de apertura del Tour de la Bondad Amorosa de la antigua exposición de Reliquias Budistas. Los monjes y voluntarios que organizaban el evento llenaron la noche de cánticos, oraciones y meditación. Muchas personas han experimentado transmisiones de poder místico y sanación después de presenciar estas reliquias sagradas.

También recibí Shaktipat de uno de los monjes budistas, que es una transmisión directa de energía espiritual para despertar estados superiores de conciencia. Rezó y tocó suavemente mi chakra del tercer ojo, bendiciéndome con la poderosa energía de la iniciación. Este chakra se encuentra entre las cejas y se centra en la clarividencia, las visiones, la intuición, la sabiduría y las percepciones extrasensoriales.

Poco después del Shaktipat y la exposición de la Reliquia Budista Antigua, tuve un despertar espontáneo del Kundalini mientras escuchaba una potente música de tambores sagrados.

Muchas tradiciones espirituales creen que el Kundalini es una fuente de energía única enroscada como una serpiente en la base de la columna vertebral. A medida que la energía Kundalini se desplaza por el cuerpo, los centros energéticos de los chakras se activan y se alinean, eliminando los bloqueos energéticos. El despertar del Kundalini tiene que ver con la transformación, con desprenderse de nuestras viejas costumbres para llevar una vida iluminada.

Mi despertar del Kundalini fue una experiencia inesperada y fenomenal. Las sensaciones de felicidad llenaron y rodearon mi cuerpo. La energía fluyó a través de los centros energéticos de mis chakras. Sentí como si cada chakra tuviera orgasmos alucinantes. Mi creatividad, mis conocimientos espirituales y mi conciencia aumentaron exponencialmente. Abracé mi mayor inspiración, amor, sabiduría e intuición mejorada; ¡todo mi ser rebosaba de amor y luz divinos!

Después del despertar espontáneo del Kundalini, todos mis sentidos permanecieron agudizados. Mis habilidades curativas y psíquicas, visiones, sueños, experiencias extracorporales y creatividad se incrementaron. Los orgasmos espontáneos se convirtieron en algo habitual. Las serpientes empezaron a aparecer en mis sueños y en el mundo físico. En dos ocasiones aparecieron cabezas de cobras venenosas en la puerta de mi casa, enroscadas y listas para atacar. Perdí la cuenta de cuántas serpientes vi en mis sueños.

No me di cuenta de la importancia y el impacto de ser testigo de las antiguas reliquias budistas, de recibir el Shaktipat y del despertar espontáneo del Kundalini, que se produjeron al mismo tiempo. Solo ahora me doy cuenta de su conexión con mis visitas inesperadas a dos médicos intuitivos, que utilizan su intuición para escanear el cuerpo y comprobar si hay algo desequilibrado. Ambos notaron que un trauma de la primera infancia había permanecido en mi cuerpo.

Opiniones de médicos intuitivos

¿Parece descabellado que una persona pueda diagnosticar un problema médico con solo sentir tu energía y consultar su intuición? La primera vez que oí hablar de los médicos intuitivos me sentí un poco escéptica. Si sospechara que me he roto el brazo, ¿me haría una radiografía o consultaría a un médico intuitivo? Aunque mi primera opción suele ser la sanación alternativa, también respeto que haya un momento y un lugar para la medicina occidental. Quiero radiografías y un buen médico ortopédico para una posible fractura de hueso.

En dos ocasiones, a mediados de mis cincuenta, tuve, sin saberlo, sesiones con médicos intuitivos. Mientras trabajaba conmigo, una fisioterapeuta se detuvo al llegar a mi pantorrilla derecha.

—¿Qué te pasó cuando tenías tres años?

—No lo sé. Creo que fue cuando mis padres se divorciaron. ¿Por qué lo preguntas?

—Te ocurrió algo traumático a esa edad que todavía está encerrado en tu cuerpo.

Le contesté:

—Estoy segura de que un divorcio a esa edad me pareció muy traumático.

Ella contestó:

—Te animo a que averigües si hubo algún otro trauma.

Unos meses después, contraté a un terapeuta de masajes. Mientras todo mi cuerpo se acomodaba en un estado de profunda relajación, mi atención volvió a la habitación.

Me hizo la misma pregunta cuando empezó a trabajar en la parte inferior de mi pantorrilla derecha.

—¿Qué te pasó cuando tenías tres años?

Sin saber qué más responder, le di la misma respuesta:

—Creo que fue cuando mis padres se divorciaron.

Pero esta vez no pude evitarlo. Dos profesionales diferentes, que también eran médicos intuitivos, habían observado la misma energía en mi pantorrilla derecha. Indagué más, decidida a averiguar si me había ocurrido algo más que el divorcio de mis padres.

Había oído que la Dra. Shannon South utiliza un proceso único para identificar y sanar acontecimientos traumáticos. Shannon es una experta en la sanación de la mente-cuerpo-espíritu y del trauma. Como terapeuta transpersonal galardonada, se nutre de tu naturaleza espiritual y conocimientos más profundo durante sus sesiones. Incorpora técnicas de meditación guiada, visualización y atención plena para superar traumas y problemas como la ansiedad, la depresión, el estrés y los ataques de pánico.

Shannon practica lo que predica. Hace casi treinta años, mientras estaba en la escuela de posgrado, tuvo una epifanía espiritual que curó su ansiedad debilitante y sus ataques de pánico.

Nuestra sesión comenzó con Shannon preguntando qué me llevó a verla. Después de contarle lo que habían dicho los dos médicos intuitivos, me pidió que cerrara los ojos. Su proceso comienza con la búsqueda de un lugar relajante. Mi lugar propicio era un acantilado con vistas al océano con un gran árbol donde podía sentarme y disfrutar de la vista mientras escuchaba el choque de las olas.

—¿Hay alguien más contigo?

—Esto es interesante. Algunos de mis amigos cercanos y mi hijo se han unido a mí.

Entonces Shannon me instó a relajarme y a profundizar. Me guio a una época en la que tenía tres años.

—¿Qué ves?

—Mis padres se están peleando. Mi padre está borracho.

—¿Por qué se pelean?

Con el corazón acelerado y las manos húmedas, se abrió una compuerta de lágrimas.

—¿Qué está pasando?

Lo único que podía hacer era llorar. No podía formar ninguna palabra. Estaba en estado de shock.

Shannon esperó hasta que mis gritos se calmaran.

—¡No puedo creer que esto esté sucediendo! Cuando era adolescente, alguien me habló de una vez que mi padre estaba borracho y tenía una pistola, amenazando con matar a mi madre. Recuerdo haber expresado lo agradecida que estaba de no haberlo vivido.

—¿Puedes decirme lo que estás viendo?

Sollozando, apenas podía hablar.

Respondí:

—Mi padre tiene una pistola en medio de mi frente. Puedo sentir el frío cañón justo entre mis ojos.

—¡Oh, Dios mío! ¡Acaba de amartillar la pistola! ¡Voy a morir! Solo tengo tres años y mi padre nos va a matar a todos, empezando por mí. Me eligió como la primera en matar, aunque yo pensaba que era su favorita.

En ese momento, congelada en el tiempo, era demasiado traumático para seguir viendo el suceso. Shannon me trajo de vuelta para que pudiéramos hablar de ello.

Conmocionada, tenía pocas fuerzas para continuar. Al menos mi padre no nos disparó a ninguno de nosotros; todos seguíamos vivos. Fue un acontecimiento tan traumático que lo oculté durante más de cincuenta años. Sentí rabia y decepción con mi madre por no haber dejado a mi padre antes. Él había sido un alcohólico fuera de control y un adicto a la ira durante todo su matrimonio.

Mi madre no tuvo la fuerza interior para dejar a mi padre hasta que él amenazó con matarme a mí y al resto de la familia con una pistola. Creo que nunca recuperé del todo el respeto por ella después de lo ocurrido. El suceso llevó a mi padre a la sobriedad. Todos estos años, me dijeron que se volvió sobrio cuando yo cumplí tres años. Ahora me doy cuenta de que su sobriedad dependió de este evento deplorable.

Todavía me asombra cómo los dos médicos intuitivos pudieron percibir que me había pasado algo importante cuando tenía tres años, solo con sujetar mi pantorrilla derecha. La sanación alternativa nos pide que salgamos de nuestra zona de confort, que estiremos nuestra mente para estar abiertos a información y posibilidades adicionales. Se trata de aprender a rendirse y a confiar. La sanación espiritual revela las cosas cuando uno está preparado.

Muchas cosas tuvieron sentido después de esta sesión con Shannon. Comprendí por qué me resultaba difícil respetar a mi madre. Mi familia mantuvo el incidente en un enorme secreto. No es de extrañar que después de que mis padres se divorciaran, yo no quisiera ir a visitar a mi padre. Mi madre me obligaba a ir. A los tres años, sabía que lo que estaba ocurriendo en mi vida no estaba bien, ni que era seguro.

Más de cincuenta años después, lo veo como una gran lección sobre que la vida no siempre es justa. También me dio claridad para confiar en mi intuición. Mi dulce e inocente yo de tres años sabía que estaba viviendo en un entorno inestable y loco.

Las ideas de los médicos intuitivos y la sesión de Shannon me confirmaron que tenía razón sobre mi familia. Ahora podía volver atrás y empoderar a mi pequeña yo de tres años, agradeciéndole su fuerza y valentía, por ayudarme a sobrevivir, prosperar y protegerme hasta que fuera lo suficientemente fuerte como para reconocer lo que había pasado.

Todos "sabemos" intrínsecamente lo que es verdadero y justo. Nuestra intuición está aquí para protegernos y guiarnos. El espíritu nos revela más cuando estamos preparados. Estos acontecimientos—la exposición de las reliquias budistas, recibir el Shaktipat, el despertar espontáneo del Kundalini y el mensaje de los dos médicos intuitivos— me ayudaron a eliminar el trauma que había estado albergando durante más de cincuenta años. Experimenté un recuerdo profundo y la recuperación de mi auténtico ser espiritual, abrazando mi camino divino. Durante los años siguientes, me encontré en una trayectoria a toda velocidad.

Capítulo 5

Recordando cómo Sanar a los Demás

—————— ❧❧❧ ——————

En 2009, le dije al Espíritu que quería compartir mi sanación energética con otros. Al día siguiente, un amigo vino a visitarme. Cuando abrí la puerta, tenía un libro en la mano.

—Ya estaba en mi coche cuando algo me dijo que volviera a entrar en mi casa y cogiera este libro. No sé por qué, pero creo que debo dártelo.

Cuando me entregó el libro, me sorprendió ver que se trataba de un trabajo de sanación energética.

Más tarde, esa misma noche, cuando me di un largo y relajante baño en mi bañera con patas, empecé a leer el libro. Antes de terminar el primer capítulo, empezaron a llegarme mensajes y orientaciones específicas para la sanación. Resultó ser mi introducción a los Guías Espirituales, que me ayudarían a realizar trabajos de sanación energética en otras personas.

Tenía una amiga cercana con problemas de cálculos renales. Con mucho dolor, intentaba esperar a tener derecho a un seguro en su nuevo trabajo para que le quitaran el cálculo. Le ofrecí hacer un trabajo de sanación a distancia. Aceptó porque el dolor persistente se había vuelto casi insoportable.

¡Qué experiencia tan increíble! Mis Guías Espirituales me asistieron todo el tiempo, diciéndome lo que tenía que hacer. Los resultados aliviaron a mi amiga de su dolor inmediato. Al cabo de una semana, el dolor volvió a aparecer, ya que aún no había expulsado la piedra. Le sugerí que intentara otra sesión para que no tuviera dolor hasta que su seguro cubriera la extracción del cálculo. Para entonces, su dolor era insoportable y tuvo que ir varias veces a urgencias. Mis guías me dieron instrucciones diferentes para su siguiente sesión de sanación, y permaneció sin dolor hasta el primer día en que se activó su seguro, lo cual había sido nuestro objetivo.

Realicé mi siguiente sanación a un médico. Lo conocí en un entrenamiento de Reiki Tummo. El Reiki Tummo es un tipo específico de sanación energética que utiliza símbolos y otras técnicas. El Reiki se originó en Japón, y significa "energía vital"; tummo es la palabra tibetana para "fuego interior" que se refiere a la energía Kundalini. El Reiki utiliza la energía divina para sanar. Reiki Tummo incluye todos los beneficios del Reiki tradicional, además de un enfoque más centrado en el corazón para la sanación, y un enfoque en el despertar del Kundalini.

Me pareció una buena idea obtener más entrenamiento. No tardé en darme cuenta de que, si me adhería a las ideas, procesos y técnicas de otra persona para hacer el trabajo de sanación, no podría hacerle caso a mis Guías Espirituales. Durante un descanso del entrenamiento, el médico y yo hablamos. Me preguntó qué pensaba del entrenamiento.

—Estoy un poco confundida y en conflicto. Si trato de concentrarme en usar todos los detalles del Reiki, no puedo escuchar a mis Guías Espirituales.

Me preguntó sobre el tipo de sanación energética que hago. Cuando le conté lo que había pasado con mi amiga y el dolor de su cálculo renal, su respuesta me sorprendió.

—Lo que hiciste por tu amiga es increíble. Sé lo dolorosos que pueden ser los cálculos renales para la gente. En esa situación, los médicos pueden darle al paciente algo como la morfina para el dolor, pero el alivio no dura una vez que el medicamento desaparece. Tienes un don extraordinario. Creo que debes seguir con tus guías y no preocuparte por recibir otro entrenamiento.

Mientras seguíamos hablando, le dije que solo había hecho curaciones a distancia. Se ofreció a dejarme trabajar en su pierna lesionada. Hay que admitir que me ponía un poco nerviosa trabajar con él porque era médico. Mis guías espirituales no me decepcionaron.

Varios guías aparecieron en cuanto empecé a trabajar con él. Pude verlos sentados al otro lado de la mesa. El primero en aparecer fue un jefe nativo americano. Luego apareció un irlandés. La última en unirse a nosotros fue una mujer mayor, que supuse que era la abuela del doctor. Como nunca se me habían aparecido Guías Espirituales en forma de cuerpo físico, pensé que todos estos eran los guías del doctor que venían a ayudar en su sanación.

Cuando terminé la sanación, le dije:

—Tres de tus Guías Espirituales estuvieron aquí —mientras los describía, afirmó que la mujer mayor debía ser su abuela. Los otros dos no resonaron con él.

Me dijo:

—Muchas gracias por tu sanación. Estoy súper relajada y mi pierna se siente mejor. No puedo esperar a probarlo en un largo paseo en bicicleta.

Mi segunda sanación en persona fue con una mujer mayor que luchaba contra el dolor desde hace tiempo. Ella nunca había experimentado el trabajo de sanación energética.

Me dijo:

—He intentado muchas cosas para conseguir algún alivio para este dolor de espalda. Estoy desesperada y he probado casi todo.

Mientras trabajaba con ella, miré hacia arriba: allí estaban el jefe nativo americano y el irlandés. Esta vez el jefe participó en la sanación. Así que, después de todo, no eran los guías del médico; eran los míos, que estaban aquí para ayudarme en mi trabajo de sanación.

Mi cliente compartió lo que experimentó durante la sesión.

—Estoy muy relajada y el dolor es mucho menos intenso —continuó—: No te lo dije, pero le dije a mi marido antes de programar mi cita contigo que tal vez una sanación de los nativos americanos podría ayudar.

Le respondí:

—Eso es excepcional porque un jefe nativo americano me ayudó a trabajar en ti hoy.

Después de estas dos primeras curaciones en persona, el irlandés y el jefe nativo americano no vinieron a ninguna otra de mis curaciones. Algunos Guías Espirituales aparecen un par de veces, hacen su trabajo y nunca vuelven. Sin embargo, la energía del jefe nativo americano apareció durante un viaje chamánico con tambores diez años después, cuando vivía en San Miguel de Allende, México.

Capítulo 6

Regresión Guiada a Vidas Pasadas

———— ༻✿༺ ————

Después de mudarme a Asheville, Carolina del Norte, tuve un encuentro extraordinario con un vecino. Micah y yo estábamos hablando fuera de mi casa. Cuando se acercó a mí, percibí su aliento; en un instante, los recuerdos pasaron por mi mente. Fue como ver una película de mi vida a toda velocidad. Reinició toda mi existencia espiritual.

—Me acuerdo de ti. Reconozco tu alma. Esto es mucho más que recordar una vida pasada. Te conozco desde siempre —dije mientras miraba los ojos de Micah.

Más tarde, observamos cómo nuestros rostros se transformaban en cuatro caras distintas, que representaban nuestras diferentes vidas en común. Micah me consideraba una vidente, alguien que ve al mundo con ojos espirituales y que puede prever e interpretar la verdad divina.

Quería comprender con mayor profundidad por qué Micah se había cruzado en mi camino, así que programé una sesión de terapia de regresión a vidas pasadas con John Williams, M.Ed.,

C.Ht. Aunque puedo recordar vidas pasadas, a veces recurro a un terapeuta de regresión a vidas pasadas para que me ayude con mis propios viajes a vidas pasadas. John utiliza una forma suave de hipnoterapia para ayudar a descubrir tu pasado.

Después de que John tomara algunas notas sobre mi propósito e intenciones para la sesión, pasamos a la sala de tratamiento. Me tumbé en una camilla de masaje y cerré los ojos. Puso una música relajante y me condujo a una meditación guiada.

A medida que me iba relajando, me hizo retroceder en el tiempo. Primero, John me hizo recordar algunas cosas que habían sucedido en esta vida. Continuó hasta llegar a mi primera infancia. Entonces pasamos a las vidas pasadas.

—Dime cuándo vayas más allá de esta vida.

Respondí:

—Estoy en otro lugar.

—¿Dónde estás?

—No estoy segura.

—Mira tus pies. ¿Qué zapatos llevas?

—Llevo sandalias. ¡Vaya! Parece que estoy en Grecia. Estoy de pie en las escaleras de un templo con mi bebé en brazos, que reconozco que es mi actual hijo. Micah es mi marido. Está de pie a mi lado, con su brazo rodeando mi hombro.

Hice una pausa.

—¿Qué está pasando? —preguntó John.

Dudé. Me costó sacar las palabras.

—Estamos todos muertos. Micah y yo éramos los líderes de nuestra comunidad. Hubo un golpe de estado; nos mataron.

—¿Hay algo más de esta vida que quieras ver?

—No, estoy bien.

—¿Hay otra vida que te gustaría visitar?

—Estoy recibiendo información sobre por qué vinimos a este planeta. Nos enviaron aquí para traer una antigua técnica de sanación.

—¿Cuál es el nombre de la sanación? —preguntó John.

—Las palabras sanación Yin Yang vienen a mí —respondí.

—¿Dónde estás? —preguntó John.

—Estoy en el Planeta Fuente. Los líderes de los Sabios nos enviaron a Egipto para llevar la sanación Yin Yang.

—¿Dónde está el Planeta Fuente?

—Está en otra dimensión.

—¿Quiénes son los Sabios?

—Son algunos de los seres más sabios y poderosos del universo. Los Sabios son los únicos que pueden hacer la sanación Yin Yang, que es un potente método de sanación energética.

—¿Puedes hacer la sanación Yin Yang?

—Ya no. Creo que algo malo sucedió en Egipto.

—¿Hay algo más que quieras ver hoy?

—No, estoy bien. Creo que hemos cubierto suficiente por hoy. Me quedaré con todo esto y veré lo que surge más tarde.

Conociendo a gente del antiguo Egipto

Después de la regresión de vidas pasadas, empecé a encontrarme con gente de esa vida egipcia. A la mayoría los reconocí. Empezaba preguntando:

—¿Tienes algún recuerdo o sentimiento sobre Egipto?

A medida que compartíamos pensamientos, sentimientos y recuerdos, las piezas del rompecabezas sobre esa vida egipcia empezaban a encajar.

Mi conciencia y mis habilidades espirituales aumentaron cuando empecé a tener recuerdos egipcios. Alguien hablaba y mis Guías Espirituales me decían que le pidiera a la persona que repitiera. Después de repetir las mismas palabras varias veces, de la misma manera, aparecían visiones. Había experimentado visiones y sueños proféticos durante años, pero nunca mientras estaba despierta.

El Cuerpo del Alma de Micah comenzó a visitarme. Podía percibirlo con todos mis sentidos. A veces venía solo para pasar el rato conmigo; otras veces, era para ayudarme. Nunca había experimentado esto antes, y al principio pensé que tal vez era solo mi imaginación.

En un principio, su Cuerpo del Alma me visitaba varias veces a la semana en mi casa. Lo que me convenció de que no era mi imaginación fue cuando el Cuerpo del Alma de Micah apareció en mi cita con el dentista. Siempre he experimentado ansiedad cuando voy al dentista. Mientras estaba sentada en el sillón dental con la boca abierta y los ojos cerrados, sentí que alguien me sostenía la mano. Me sorprendió darme cuenta de que era el Cuerpo del Alma de Micah.

—¿Qué estás haciendo aquí? —le pregunté.

—Quería estar aquí contigo porque sé lo nerviosa que te pones en las consultas del dentista —respondió Micah.

Como vi a Bob, un sanador psíquico, justo después de mi cita con el dentista, discutimos lo que había estado sucediendo con Micah.

—¿Me lo estoy imaginando, o su Cuerpo del Alma está apareciendo? —pregunté.

Bob hizo que me acostara en su mesa para una evaluación y sanación. Leyó mi cuerpo y mi espíritu y luego realizó un trabajo de energía en mí.

—Sí, Chloe, el alma de Micah ha estado visitándote. Y sí, era él en la consulta del dentista.

Más tarde, le pregunté a Micah si era consciente de que me visitaba espiritualmente.

—No, no me di cuenta de que eso ocurría. Pero es genial, ¿no?

Fue entonces cuando se me ocurrió el nombre de "Cuerpo del Alma". Micah y yo hemos tenido una intensa conexión de alma desde nuestra primera vida juntos. Cuando Micah vino a visitarme con su Cuerpo del Alma, no fue Micah en el mundo físico de la tercera dimensión (3D) quien lo hizo. Era su alma la que aparecía en un cuerpo etéreo que yo podía ver, oír, tocar y sentir. Un Cuerpo del Alma puede viajar astralmente sin que la persona de 3D se dé cuenta.

El momento más significativo en que el Cuerpo del Alma de Micah vino a mí fue el 11/11/11, la primera vez que esos tres números se alinearon en cien años. En numerología y astrología, el número 11 significa una conexión con tu ser interior, la intuición y el despertar espiritual.

Esa noche, hice un viaje espiritual en mi mesa de sonidos vibratorios BETAR para los chakras. Parece una mesa de masaje.

Debajo de la zona acolchada donde te acuestas, hay diez altavoces colocados para llegar a tus principales puntos energéticos. La BETAR se conecta a un reproductor de CD y a un altavoz con auriculares. Esto te permite escuchar la música y recibir el sonido vibratorio a nivel celular en todo tu cuerpo. Piensa sobre ello como un "masaje musical" supercargado y relajante que puede ayudar a la sanación y al despertar espiritual.

Mientras estaba en la mesa, empecé a experimentar una activación espontánea de la glándula pineal. En ese momento, llegó el Cuerpo del Alma de Micah. Me cogió la mano y me dijo que no me preocupara, que se quedaría conmigo hasta que se completara la activación.

Antes de profundizar en la activación de la glándula pineal, recordé una experiencia de sanación por sonido que tuve con Micah. Él me dijo que me había entregado al proceso tan profundamente que temía que no volviera a mi cuerpo. Micah me advirtió que no hiciera viajes profundos por mi cuenta. Entonces comprendí por qué había venido a ayudarme en la activación; me relajé y me entregué a la experiencia.

Después de que el Cuerpo del Alma de Micah se fuera, mis Guías Espirituales compartieron conmigo este conmovedor mensaje:

—El hecho de que alguien haya sido un ser profundamente espiritual e iluminado en una vida pasada no significa que siempre será así en otras vidas. Entiendo lo cerca que estás del alma de Micah; no dejes que eso te confunda sobre quién es y cómo él está viviendo su vida ahora. En esta vida, Micah solo puede conservar un espacio sagrado en el mundo de las 3D durante un tiempo limitado. La tercera dimensión se centra en el mundo físico, con sus limitaciones, miedo y sufrimiento. Si solo accedes al mundo de las 3D, es como si estuvieras encerrado en esa visión del tiempo y el espacio; afecta tu capacidad de crecer espiritualmente.

Ese mensaje del Guía Espiritual resonó en mí. Una amiga me había mencionado antes que había notado que puedo conectarme directamente con las almas de otras personas.

Ella dijo:

—Cuando te conectas de esa manera, su alma responde a la tuya. Pero, no es un espacio que ellos, en sus cuerpos 3D, puedan mantener durante largos períodos de tiempo. Es casi como si pasaras por encima de la persona 3D para conectar con su alma.

Otra experiencia similar que tuve durante este tiempo fue cuando el Cuerpo del Alma de mi hijo vino a visitarme. Me encontraba en una cabaña remota en las Montañas Humeantes. Mi hijo no sabía que yo estaba allí. Una noche, alrededor de las 3 de la madrugada, me desperté sobresaltada al ver el Cuerpo del Alma de mi hijo de pie en la puerta.

Le pregunté:

—¿Qué haces aquí? ¿Cómo has sabido dónde encontrarme?

Respondió:

—El Grande me dijo que viniera aquí.

Mi pensamiento inmediato fue que el Grande era Dios.

Pensé:

—Genial, enviado por Dios; ¡no puede haber nada mejor que eso!

Sin embargo, cuando intenté volver a dormirme, me preocupó que tal vez mi hijo hubiera muerto, y por eso Dios le dijo que viniera a la cabaña. Mi teléfono móvil no funcionaba en la cabaña, así que no tenía forma de saber si mi hijo había llamado a mi casa en Asheville.

Cuando volví a casa más tarde esa mañana, mi corazón empezó a latir con fuerza cuando vi que tenía un mensaje telefónico de mi hijo. Llamó a las 3 de la madrugada, la hora exacta en que su Cuerpo del Alma se presentó en mi cabaña.

—Hola, mamá, siento llamarte tan tarde. Me he estado quedando con unos amigos. Hemos salido esta noche y, al volver, nos hemos dado cuenta de que alguien ha robado su casa. Han robado todo lo que yo tenía de valor. Me harté; necesito salir de esta ciudad y establecerme en algún lugar nuevo. ¿Estarías dispuesta a ayudarme a ir a Asheville?

A las pocas semanas, mi hijo se mudó a Asheville.

Capítulo 7

Visiones: 2010-2011

Mis sueños de visión se volvieron más detallados y frecuentes durante estos intensos años de crecimiento y conciencia espiritual. Algunos eran sueños proféticos sobre el futuro. Otros eran recuerdos de vidas pasadas. También tuve sueños de vidas paralelas.

Un sueño profético en particular me alarmó, así que me puse en contacto con un intérprete de sueños. Su respuesta me sorprendió.

—Hay gente en todo el país que está teniendo este sueño ahora mismo. No todo en los sueños es igual, pero todos tienen los mismos tres componentes claves.

1. Un desastre "natural"
2. Ley marcial
3. Microchips de parte del gobierno

Cuando muchas personas tienen sueños proféticos muy similares, presto atención. Significa que todos estamos experimentando una energía colectiva.

Si escuchas que solo una persona tiene ese sueño, puede parecer un sueño interesante, pero tal vez no sea probable que ocurra. Cuando varias personas de todo el país están teniendo el sueño simultáneamente, ¿cómo puede ser una coincidencia? Estamos aprovechando la energía y la información colectiva. Oír hablar de todas las personas que tuvieron este sueño durante el mismo período es significativo. Ninguno de nosotros se conocía, pero nuestros sueños reflejaban el mismo tipo de evento.

Durante este tiempo, tuve una serie de visiones despiertas y sueños proféticos que se centraban en las consecuencias de un desastre mundial y en la reconstrucción de nuestro planeta. Mis Guías Espirituales me dijeron que nos darían dones extraordinarios que nos protegerían y potenciarían nuestras capacidades de sanación.

Mi sueño de visión más intenso fue uno que tuvieron muchas personas al mismo tiempo. En el sueño, estaba caminando por el centro de la ciudad con un amigo. En un abrir y cerrar de ojos, los edificios y la gente desaparecieron. Al girarme para mirar detrás de mí, observé un enorme tsunami de fuego. Con la esperanza de encontrar un lugar seguro, corrí hacia un edificio que todavía estaba en pie.

Al entrar, vi que había serpientes por todas partes. Se deslizaban y enroscaban entre las pocas estructuras que quedaban y que parecían artefactos sagrados. Vi otra puerta al final del edificio. Al acercarme, observé una enorme cobra que custodiaba la puerta. Por un segundo, esta serpiente venenosa de seis metros me asustó. Una sensación de paz y seguridad me invadió al recordar:

—Por supuesto. La cobra real es el guardián de la puerta.

Al pasar junto a la cobra, me sorprendió encontrar una sala intacta con doce personas sentadas alrededor de una mesa de café. Todavía en estado de shock, todos trataban de procesar lo que había sucedido. Reconocí un anticuado teléfono negro con giratorio colgado en la pared. Cogí el receptor, aliviada al escuchar el tono de llamada.

—Hola, chicos. Este teléfono funciona —exclamé.

El grupo decidió que cada persona podía hacer una breve llamada telefónica. A mitad de las llamadas, escuché un alboroto en el exterior.

Exclamé:

—¡Oh, no! Son los militares.

La mayoría del grupo estaba entusiasmado, pensando que los militares nos ayudarían.

Yo respondí:

—Tengan cuidado. Las cosas no son siempre lo que parecen. No creo que su verdadera intención sea ayudar. Por favor, no hagan ruido, para que no se den cuenta de que estamos aquí.

Algunos de nuestro grupo salieron corriendo de la sala, gritando y saludando a la comitiva militar. Algunos de los militares entraron a la sala.

—No se preocupen. Estamos aquí para ayudar. Todos ustedes estarán bien. Vamos a llevarlos a todos a un centro donde tendrán un lugar donde dormir y comer.

Yo no quería ir. Insistieron en que todo el mundo tenía que desalojar el edificio e ir con ellos. Habían reunido a un gran grupo de personas, que se dirigían como ganado hacia lo que parecía una cabina de peaje. A cada persona le inyectaron algo en el brazo antes de que pudiera pasar por el torniquete.

—¿Qué están poniendo en el brazo de cada persona? —pregunté al personal militar.

—Es solo una vacuna para protegerte —respondió.

—¿Protegernos de qué?

Ignoró mi pregunta y se alejó a toda prisa.

—Dios mío —susurré a la persona que estaba a mi lado—. Están poniendo microchips a todo el mundo. Una vez que te ponen el chip, se acabó. Lo utilizarán para rastrear todo lo que hagas. Prefiero morir tratando de escapar que someterme a lo que han planeado para nosotros. Tengo una cabaña en las montañas. Vamos a huir.

Estoy convencida de que no fue una mera coincidencia que personas al azar de todo el país estuvieran soñando con un desastre natural, la ley marcial y el microchip al mismo tiempo.

Universo paralelo y sueños

La teoría de la física cuántica del multiverso incluye el concepto de un universo paralelo. Toma en serio la posibilidad de otros universos. Un universo paralelo es aquel en el que tu vida puede desarrollarse en otras realidades.

Uno de mis sueños más inquietantes apareció en un universo paralelo. En el sueño, me encontraba en una casa del estilo de Nueva Orleans que me resultaba familiar, como si hubiera vivido allí. Cuando llegué al fondo de la casa, abrí la puerta a una habitación completamente negra. Había una cama a mi lado. Agotada, me acosté.

Al cabo de un rato, me di cuenta de que había otra cama en la habitación, y que había algo en esa cama. De la otra cama emanaba una energía oscura. Como soy una soñadora lúcida, pude detener el sueño durante un segundo para evaluar la situación. Sentí una fuerte necesidad de dejar que el sueño continuara, así que volví a entrar cautelosamente en el sueño.

Vi que una entidad masculina estaba ahora sentada en la otra cama con una larga capa negra con capucha. Cuando se puso de pie, todo mi cuerpo se tensó. Una aguda sensación de fatalidad inminente llenó la habitación. Lo que ocurrió a continuación no era un simple sueño, estaba ocurriendo en una vida paralela.

El ser de la capa se metió la mano en el bolsillo y sacó una caja de cerillas. Luego sacó una cerilla y la colocó en el rascador de la caja. Sabía que, si la cerilla se encendía, me quemaría.

Mientras se acercaba a mí, me obligué a despertarme. A diferencia de la mayoría de los sueños, que se disipan al despertar, aún podía ver a la entidad que intentaba llegar a mí. Instintivamente, levanté las manos hacia el cielo y recé.

—Soy de la Luz. Debes irte —lo repetí una y otra vez.

Lo que ocurrió al día siguiente me dejó atónita. Estaba sentada en el porche de mi casa, contándole a una amiga el sueño. Cuando llegué a la parte en la que el ser caminaba hacia mí, dispuesto a encender la cerilla, mi amiga me interrumpió.

—Chloe, ¿no recuerdas lo que te enseñé hace muchas vidas? Cuando estés en peligro, tienes que apuntar con las manos hacia el cielo y decir: "Soy de la Luz. Debes irte".

Asombrada, exclamé:

—¡¿Qué?! Eso es exactamente lo que hice anoche.

Mi amigo respondió:

—Chloe, me asignaron para protegerte hace muchas vidas. Llevo siguiéndote desde que tengo uso de razón. Es mi responsabilidad mantenerte a salvo.

Capítulo 8

Más Claridad: 2012

——————— ༺ ༻ ———————

Una mujer que había vivido y entrenado con chamanes en Perú durante doce años vino a visitar Asheville. Los chamanes, muy respetados, son los sanadores y consejeros de su comunidad. Entre sus dones están la capacidad de manipular la realidad, la adivinación, la predicción de resultados futuros y la sanación de problemas físicos, mentales, emocionales y espirituales. Pueden acceder y comunicarse con otras dimensiones, animales, plantas y el mundo espiritual.

Concerté una cita con la esperanza de que me diera algunas respuestas y me aclarara mis visiones y mis nuevas habilidades. Le hablé de mi capacidad para experimentar las vidas pasadas de la gente. Me pidió que le contara todo lo que hago durante mis sesiones de sanación energética.

—Quiero saber qué ocurre, desde que alguien llama a tu puerta hasta que se va.

—Primero, limpio su energía. Luego les doy una breve explicación de lo que pueden esperar durante la sesión, asegurándome de que entienden que los Guías Espirituales me dirigen sobre lo que debo hacer. Les digo que cuanto más se relajen y se entreguen al proceso, más profundizamos.

—Antes de que se acuesten, establecemos las intenciones para su sesión. Después de que se suben a la mesa, coloco piedras en cada uno de los puntos principales de los chakras y les pido que cierren los ojos. Mis Guías Espirituales me ayudan a seleccionar la música que se adapte a las intenciones de la sesión. Luego me siento, cierro los ojos y entro en trance.

—Una vez que estoy en el estado de trance, coloco mis manos en diferentes partes de su cuerpo, siguiendo las instrucciones de mis Guías Espirituales. Si el Espíritu tiene información sobre una vida pasada, tengo sensaciones y visiones. Es como si estuviera viendo una película, y puedo ser testigo de personas, lugares y cosas que sucedieron en su vida pasada.

—Por lo general, se trata de su muerte, que vuelvo a experimentar por ellos para que se liberen de todo lo que se quedó adentro por su muerte en esa vida. Los recuerdos de vidas pasadas que evoco son un reto para mí, ya que no solo los veo, sino que también experimento todas las emociones y sensaciones originales que la persona tuvo durante su muerte.

—El último paso es procesar lo que ha ocurrido durante la sesión.

—En primer lugar, les pregunto cómo les fue en la sesión. Luego les pregunto si quieren saber lo que experimenté. Hablamos hasta que tienen una buena comprensión de la sesión.

En un profundo pensamiento contemplativo, la chamana rompió su silencio.

—Eres uno de los nuestros.

—¿Qué quieres decir con uno de los nuestros? —pregunté.

—Está claro que has hecho trabajo chamánico en otras vidas. La mayoría de nosotros lo olvidamos y necesitamos reentrenarnos. Te han bendecido con la capacidad de aprovechar y recordar tu entrenamiento.

—Todo está conectado: tu trabajo de sanación energética, las visiones, ver e interactuar con los Cuerpos del Alma, los sueños colectivos, recordar vidas pasadas, tu conciencia de universos paralelos y tu profunda conexión con tus Guías Espirituales.

No era la primera vez que alguien me decía que yo era un chamán. Unos años antes, estaba en mi terraza con una amiga. Con los ojos cerrados, rezaba y llamaba a la energía con las manos. Cuando abrí los ojos, mi amiga me miraba fijamente.

—Chloe, eres una chamana —anunció.

—No, no lo soy —respondí—. ¿Por qué dices eso?

—Porque has iluminado todo el barrio solo con mover las manos y los brazos. ¿Te das cuenta de lo poderosa que eres?

Una conexión inesperada

En noviembre de 2012, una amiga y yo asistimos a una clase de percusión dirigida por el mundialmente conocido músico, compositor, educador y sanador por inmersión sonora, River Guerguerian. Ha tenido una carrera de éxito, trabajando con ganadores de Grammy y Oscar; dando conciertos por todo el mundo; grabando más de 250 álbumes y pistas de cine; y actuando con la Orquesta Sinfónica de la BBC, Paul Winter Consort, Chuck Berry, Ziggy Marley, los Gipsy Kings, y otros músicos conocidos.

Una de las cosas que más me gustan de River es que se deshizo de todas sus posesiones y vivió sin conexión a la red en un santuario de vida salvaje del Himalaya durante cinco años. Esto inspiró su interés por los efectos fisiológicos del sonido. Supongo que el tiempo que pasó allí también influyó significativamente en la terapia curativa de inmersión en el sonido de River.

Aquella noche, River terminó la clase con una increíble sesión de inmersión sonora. Hizo que todos se acostaran en el suelo y cerraran los ojos. River caminó y tocó diferentes instrumentos de percusión sobre los cuerpos de todos. Oír y experimentar las vibraciones de los instrumentos en el cuerpo es una experiencia increíble.

Después, tuve la fuerte sensación de que River y yo trabajaríamos juntos en algunos proyectos. Me acerqué a él, me presenté y le agradecí la clase y la inmersión sonora. Luego le dije que me gustaría que hiciera una inmersión sonora comunitaria el 12/12/12, una fecha propicia para un mayor crecimiento espiritual.

River no perdió el tiempo.

—Si te encargas del marketing del evento, yo lo haré.

—¡Fantástico! El mercadeo es mi especialidad. Gracias.

El primer evento se agotó en menos de un día. Añadimos una segunda sesión, que también se llenó en un día.

Después del evento del 12/12/12, me acerqué a River y le dije que creía que debíamos organizar una reunión más grande el 21/12/12, otra fecha espiritual importante. De nuevo, sin dudarlo, aceptó hacerlo. River encontró el espacio y convenció a varios de sus amigos músicos para que participaran en este evento comunitario gratuito.

La velada concluyó con una increíble inmersión sonora por parte de River y algunos de los otros músicos. Me adentré tanto que, al terminar, no sabía si había estado allí cinco minutos, cinco semanas, cinco meses o cinco años.

Parecía tan descabellado que no se lo mencioné a nadie. Mientras ayudaba a limpiar, River entró en la zona de la cafetería y preguntó si alguien había experimentado la apertura de un vórtice temporal. Fui la única que respondió.

—Menos mal que no fui la única que notó el cambio de tiempo.

Desde que trabajé con River, noté que cuando nuestras energías se conectan, los vórtices se abren. Después de darme cuenta de que River también había sentido que se abría una dimensión temporal esa noche, supe que no lo había imaginado.

Capítulo 9

2013: Viejos Retos y Nuevos Comienzos

Un amigo productor musical nos sugirió a River y a mí que intentáramos plasmar nuestra energía combinada en una grabación.

Le dije a River:

—Me he dado cuenta de que ocurre algo poderoso y profundo cuando combinamos nuestra energía. Pongamos un micrófono en mi cuerpo y hagamos una inmersión sonora en mí para poder captar nuestra energía combinada.

Dos días antes de la grabación, mis Guías Espirituales me dijeron que los Sabios querían estar en la grabación. Al día siguiente hice una regresión a vidas pasadas para comprobarlo con los Sabios. Les dije que no sabía cómo traerlos a la grabación. Me dijeron que todo se solucionaría.

—No te preocupes. Nos ocuparemos de todo.

El día de la grabación, River y yo rezamos una oración y la sellamos con nuestra intención de captar nuestras energías combinadas con las de los Sabios.

Me acosté de espaldas, descansando sobre las mantas sagradas que River utiliza para sus sesiones privadas de sanación por inmersión de sonido. Después de colocar micrófonos en diferentes partes de mi cuerpo, empezó a tocar una serie de instrumentos de percusión sobre y alrededor de mi cuerpo. En esta sesión, River utilizó tambores, platillos, cuencos cantores, gongs, campanas, marimba y maracas. Sus sesiones de inmersión sonora son tan potentes como relajantes. Me preguntaba si reconocería la presencia de los Sabios.

River revisó la grabación cuando terminó la inmersión sonora.

—Lo siento mucho. No se ha grabado todo. ¿Te importaría volver mañana por la mañana para hacerlo de nuevo?

Como no sabía si los Sabios estaban en la primera grabación, me alivió hacer otra.

La mañana siguiente era un sábado. River y yo éramos las únicas personas en el edificio, además del conserje. En el momento en que River comenzó la inmersión sonora, empecé a tener sensaciones de montaña rusa, empezando por mi vientre y continuando por todo mi cuerpo. Mi corazón empezó a latir más rápido. Me sentí sin peso, como si flotara. Mi cuerpo y mi mente se llenaron de sensaciones de euforia. Me encontraba en el estado alterado más natural que jamás había experimentado.

Confío en los Sabios, así que respiré profundamente y me entregué al viaje. No se fueron hasta que terminó la inmersión sonora. River revisó la grabación. Ambos estábamos encantados con los resultados.

River y yo nos expresamos de forma diferente. Yo soy principalmente extrovertida, habladora y entusiasta. River es mucho más relajado y tranquilo. Somos la personificación del yin y el yang. Mientras que yo puedo desbordar de entusiasmo, River se mantiene tranquilo y frío.

El yin y el yang se refieren a la dualidad y a cómo esas diferencias pueden ser complementarias y estar interconectadas. Es como encajar las piezas de un rompecabezas para formar un todo. Cuando River y yo estamos juntos, combinando nuestras energías, las piezas se unen y se abren vórtices y otras dimensiones. Nuestra capacidad para combinar nuestros esfuerzos y desbloquear la energía abre toda una plétora de oportunidades.

Mi forma de expresar mis sentimientos sobre la sanación por sonido de esa mañana fue un entusiasmo desenfrenado. River fue mucho más moderado. Imagínate a la leyenda del jazz Miles Davis, fuerte pero vulnerable, asimilando todo, pero sin necesidad de hacer comentarios. Yo soy más de la onda de Janis Joplin: cruda, intensa, apasionada.

River comentó:

—Creo que esta vez lo hemos conseguido.

Yo comenté:

—¡Dios mío! ¡Los Sabios estuvieron aquí! Su energía giró alrededor y dentro de mí desde el primer momento en que empezaste a tocar tus instrumentos. Permanecieron hasta el final. ¡Esta va a ser una grabación increíble!

Un día, cuando estábamos editando juntos la grabación en el estudio de River, empecé a experimentar retrospecciones de vidas pasadas que River y yo habíamos tenido juntos. Fuimos sanadores en muchas vidas. La conexión más significativa fue la vida en el antiguo Egipto con la sanación Yin Yang.

—Por supuesto— pensé—. River formaba parte del grupo que fue del planeta de los Sabios a Egipto. No me extraña que los Sabios dieran su bendición para formar parte de esta grabación.

Una conexión con el pasado

Más tarde, en 2013, tuve una experiencia de sanación extraordinaria. Durante mi examen físico anual, mi médico me dijo que había encontrado un gran bulto en mi seno derecho. Pensé que estaba bromeando, ya que le había dicho que ya no quería hacerme mamografías anuales por la exposición a la radiación.

—Entonces, si pareciera que hay un problema, ¿te harías una mamografía? Esto no es una broma. Dame tu mano para que puedas sentirlo tú misma —me dijo.

Cuando salí de la consulta del médico, mi objetivo era hacer desaparecer el bulto antes de llegar a la fase de biopsia. Mientras hacía mi lista de sanadores alternativos a los que quería recurrir, recordé que Bob, mi sanador psíquico, me había dicho hace años que veía energía cancerígena alrededor de mi pecho derecho.

—Todavía no está en tu pecho. Quiero que seas consciente de ello para que, con suerte, puedas evitar que se extienda por tu cuerpo.

Bob fue el primer sanador al que llamé por el bulto en el pecho que mi médico había encontrado. Como médium y sanador psíquico, puede eliminar espíritus y energías no deseadas, contactar con personas que han cruzado, comunicarse con la naturaleza y los animales, y realizar lecturas psíquicas para ayudarte a tomar decisiones.

Le dije:

—Bueno, tengo buenas y malas noticias. La buena noticia es que eres un psíquico increíble. Hace por lo menos cinco años, me dijiste que tenía energía cancerígena en mi seno derecho. Hoy mi médico ha encontrado un gran bulto en mi pecho derecho —continué—: Y la mala noticia es que ahora puedo tener cáncer de mama.

Bob se conectó con sus guías espirituales. Tenían mucho que decir.

—Primero, necesito que aceptes que esto es serio. Hay cáncer en el pecho derecho. Antes de continuar, necesito que aceptes que no pospondrás ninguna atención médica. No hay tiempo para explorar primero soluciones curativas alternativas. Debes acudir a todas las citas con tus médicos tradicionales. Las soluciones alternativas están bien siempre y cuando sigas también las opciones médicas occidentales.

Continuó:

—Mis guías dicen que una de tus abuelas quiere ayudarte a eliminar el cáncer.

—Oh, apuesto a que es mi abuela Mamie. Éramos muy unidas.

Bob dijo que no, que era mi abuela materna, lo que me sorprendió. Durante esta vida, ella no parecía alguien que se mostraría en la otra vida para ayudar con sanaciones.

—Todo lo que necesitas hacer es permitirle ayudar. Ella quiere hacer esto por ti.

Me estaba quedando en una cabaña remota en las montañas. Bob sugirió que saliera a la naturaleza.

—Hay un gran árbol en el exterior que puede ayudar a tu sanación. Encuéntralo y hazle saber que estás lista para recibir su energía curativa.

Fui a uno de mis árboles favoritos que daba a un pequeño arroyo.

—Gracias, querido árbol sabio, por aceptar el ayudar a sanarme. Estoy abierta, preparada y agradecida para recibir tu poderosa energía curativa.

A la mañana siguiente me hicieron una ecografía de los pechos. Después de la ecografía había reservado citas con otros dos sanadores. Si el médico ordenaba una biopsia, quería más trabajo de sanación antes de hacerla.

Después de la ecografía, un médico vino a discutir los resultados.

—Tus pechos parecen estar bien. No veo ningún bulto en ninguna de las mamas.

Asombrada de que el bulto hubiera desaparecido, seguí acudiendo a las otras dos citas de sanación para asegurarme de que el cáncer no volviera a aparecer.

Cuando llegué al estudio de River, le conté la buena noticia.

River me preguntó:

—¿Recuerdas cuando te conocí el año pasado? Te pregunté si tenías cáncer.

—Sí, lo recuerdo —respondí—. Pensé que me lo preguntabas porque trabajas con muchos pacientes con cáncer.

—No. Te lo pregunté porque vi cáncer en tu pecho derecho. Cuando me aseguraste que nunca habías tenido cáncer, pensé que tal vez mi visión estaba equivocada.

River me hizo una increíble sanación por inmersión de sonido. Sus habilidades curativas habían aumentado desde la sesión que grabamos con los Sabios.

Mi siguiente cita fue con la Dra. Shannon South, la terapeuta transpersonal holística. La sanación holística abarca a toda la persona, considerando los factores físicos, mentales, sociales y espirituales. El proceso místico de Shannon conecta con tus Guías Espirituales para ayudarte a ver lo que tu situación actual está tratando de decirte. Cada vez que hago este proceso con Shannon, la sabiduría, la guía y la sanación son muy potentes. Es asombroso lo que una sesión puede lograr.

Incluso con todas las noticias de sanación milagrosa, una amiga mía me animó a volver al médico que encontró el bulto para que le confirmara que ya no podía sentirlo.

—No puedo encontrar el bulto. Nunca he visto que un bulto de ese tamaño desaparezca en cuestión de días. Tienes mucha suerte.

Sabía que mis experiencias curativas alternativas le sonarían a cuento de hadas, así que me limité a sonreír y asentir con la cabeza.

Capítulo 10

2014-2016: A Veces Puedes Necesitar un Descanso Espiritual

―――――――――― ⟩ ℰ ℰ ――――――――――

El trabajo espiritual puede parecer a veces demasiado intenso y abrumador. Dos veces en mi vida tuve que hacer una pausa. A principios de mis treinta años, tuve experiencias espirituales extremas, incluso para mí. Una noche, empecé a levitar. Al principio, pensé que estaba soñando. Abrí los ojos y vi todo mi cuerpo suspendido varios metros por encima de mi cama.

Mi traslado a Asheville reavivó mi vida espiritual, impulsándome a una muy rápida iniciación. Aunque fue emocionante y gratificante volver a despertar tan rápidamente, también fue intenso. Nunca sabía cuándo iba a aparecer una visión despierta. La mayoría de las veces, estaba en medio de una conversación cuando aparecían las visiones despiertas.

Incluso los sueños proféticos llegaron a ser agotadores. Eran frecuentes; sentía una tremenda responsabilidad de prestar atención a todas las visiones. Las visiones nunca me daban una fecha, así que cada vez me preguntaba:

—¿Va a ocurrir esto pronto? —era como si estuviera siempre preparada.

Algunas visiones eran desgarradoras. Es muy difícil ser consciente de los problemas futuros y no saber si puedes hacer algo para cambiar el resultado. A veces me preguntaba por qué me mostraban tantas visiones del futuro si no querían que ayudara a sanarlo y mejorarlo.

Recuerdo un detallado sueño profético y la posterior conversación que tuve con mis Guías Espirituales. En este sueño, nuestro planeta estaba siendo rescatado y reconstruido por seres de otra dimensión. Al principio, eufórica por la llegada de la ayuda, empecé a preguntarme por qué no estuvieron dispuestos a venir antes. Como he sido una persona que "hace que las cosas sucedan" toda mi vida, era un reto tener todas estas visiones problemáticas y no saber si podía ayudar a alterar el curso futuro.

Pregunté a mis guías:

—Si tienen previsto venir a salvar nuestro planeta, ¿por qué están esperando? De acuerdo a mis visiones, va a haber mucho sufrimiento.

—Lo sabemos. Pero no podemos ir todavía. Tenemos que esperar a que la mayor cantidad de gente posible despierte por su propia voluntad.

Comprendí su punto de vista, pero aun así me pareció angustioso que tanta gente sufriera antes de que las cosas cambiaran.

Mi encuentro con un Walk-In

Una noche, antes de pedirle al Espíritu que me dejara descansar, conocí a un hombre que se creía un Walk-In. Muchos creen que otra alma puede entrar en un cuerpo comoWalk-In si el alma original está de acuerdo. Este hombre dijo que recordaba ser de otro planeta y que había estrellado su nave espacial. Le dieron la oportunidad de ser un Walk-In, así que aceptó la oferta.

Era consciente de muchas cosas que yo había visto. En algunas de nuestras visiones, vimos trenes llenos de personas que iban en diferentes direcciones. Los que "despertaban" iban en una dirección; los otros que se habían negado a despertar iban en otra dirección.

En 2014, todas las visiones y experiencias espirituales que tuve durante los últimos seis años me agotaron. Quería un tiempo sin la responsabilidad de tener tantas visiones y percepciones espirituales. Le pedí al Espíritu que por favor me dejara tomar un descanso.

Durante unos tres años, viví una vida normal. Ya no reconocía a las personas de la vida egipcia. No tenía más sueños alarmantes ni visiones de vigilia. El Cuerpo del Alma de Micah no volvió a aparecer. Solo tranquila paz y satisfacción.

La creatividad y el chakra sacro

Durante mi descanso espiritual, aproveché el tiempo para centrarme en mi creatividad, que está conectada con el segundo chakra sacro, debajo del ombligo. Había heredado un maniquí que fue sacado de los escombros del atentado de Oklahoma City y no había pensado qué tipo de proyecto artístico podría hacer para honrar a las personas que perecieron. Encontraron el maniquí en la primera planta del Edificio Federal, atrapado contra una máquina de fotocopias, con un traje de baño que le cubría la mitad del cuerpo. Llamé al maniquí Molly y lo coloqué en el salón de mi casa para verlo siempre.

Cuando el maniquí llevaba casi un año en mi salón, una amiga pasó por mi casa para ir al West Asheville Yoga Studio. Estábamos asistiendo a una noche de kirtan, una tradición védica que utiliza canciones y cantos en un estilo de llamada y respuesta para entrar en contacto con lo divino.

Mi amiga se fijó en el maniquí y me preguntó si había decidido qué hacer con él.

—Todavía no estoy segura. Lo tengo en el salón, esperando recibir algo de inspiración y orientación.

Cuando empezó la música del kirtan, me relajé en un estado de trance. La música interpretada por Sean Jean y la Wild Lotus Band era increíble. Empecé a recibir información sobre qué hacer con Molly, el maniquí. El Espíritu me sugirió que hiciera un breve vídeo centrado en lo que habría ocurrido con el maniquí y el traje de baño si el atentado de Oklahoma no hubiera ocurrido. Imaginé a una madre que terminó comprando el bañador para pasar el verano con sus hijos en la piscina. Era una forma perfecta de honrar a los quince niños que murieron y a todos los demás niños cuyos padres murieron durante el atentado.

Cuando llegué a casa, me puse a experimentar con las pocas fotos que tenía del maniquí cuando lo sacaron de los escombros del atentado de Oklahoma City. Luego me probé el traje de baño; me sorprendió que me quedara perfectamente. Al día siguiente, conseguí que un amigo me acompañara a la piscina local de nuestro barrio para grabar un vídeo. Unos días después, otro amigo me llamó. Le conté lo que estaba haciendo y me dijo que tenía un lugar estupendo para filmar las siguientes escenas. Era una piscina abandonada y sería un maravilloso contraste con el material rodado en la piscina comunitaria, proporcionando el escenario perfecto para un punto de inflexión en la película.

Todo encajó con facilidad. Todo el proyecto estaba lleno de momentos mágicos y sincronizados que se mezclaban armoniosamente. Decidí que quería un poema hablado para la narración de la película y encontré a un poeta local de Asheville que había visitado el Memorial de Oklahoma City. Le mostré escenas del vídeo y le hablé del resto de la historia.

Su poema de palabras habladas, de una belleza inquietante, encajaba bien con mi visión. Cuando me envió el primer borrador del poema, pensó que habría que trabajarlo. Leerlo por primera vez fue una experiencia que me puso los pelos de punta y me hizo llorar. Lo había captado perfectamente. No había que hacer ningún cambio.

Unas semanas antes de ir al estudio de grabación para el proyecto, asistí a otro kirtan en el West Asheville Yoga Studio. Los músicos y cantantes me asombraron esa noche. Caí en un estado de trance. Había algo en el tono y la voz del cantante masculino, y en su forma de tocar la guitarra acústica, que me hablaba. Mientras permanecía en trance, seguía escuchando la palabra "libertad".

Cuando llegué a casa, busqué en Google canciones con la palabra "libertad".

La que me llamó la atención fue la canción "Freedom" (Libertad) que Richie Havens cantó en Woodstock. En cuanto

Richie empezó a cantar, me di cuenta de que la voz del cantante del kirtan sonaba como Richie Havens. Incluso la forma de tocar la guitarra era similar.

Nunca me había dado cuenta de que la canción "Freedom" de Richie Havens es como el kirtan. En muchas partes de la canción, él grita y el público responde. Me sorprendió lo perfecta que sería esta canción para honrar a los heridos o muertos por el atentado de Oklahoma City. Me encantó que el estilo de la canción fuera como la llamada y respuesta del kirtan, así que investigué un poco más sobre la canción.

Richie fue el primer músico que subió al escenario en Woodstock. Quizá recuerdes que había tanta gente intentando llegar allí que los músicos tuvieron dificultades para llegar al lugar. Los productores de Woodstock pidieron a Richie que alargara su tiempo de actuación. La canción "Freedom" procedía de un viejo himno, "Motherless Child", que el Sr. Havens recordaba de la iglesia. Para alargar el tiempo hasta que llegaran más músicos, Ritchie improvisó una fantástica y poderosa interpretación de este himno espiritual.

No se me ocurrió mejor elección: la canción habla de la libertad, de la necesidad de nuestras madres, padres, hermanos y hermanas, y de "a veces me siento como un niño sin madre", todas las emociones que una tragedia, como el atentado de Oklahoma City, puede hacer aflorar.

Nunca habría esperado que Espíritu me ayudara tanto con un proyecto artístico. Todavía estoy asombrada de que Espíritu me guiara con tanto detalle. Todas las piezas continuaron encajando.

Contraté a un productor de discos para que grabara el poema hablado. Consiguió un fantástico saxofonista que había trabajado con muchos músicos conocidos. El productor acompañó al saxofonista con el piano, creando el fondo perfecto para el poema.

Los músicos y cantantes que descubrí en la sesión de kirtan de West Asheville Yoga aportaron una hermosa mezcla entre la guitarra y la canción en los créditos finales. Todavía siento escalofríos y lágrimas cada vez que los escucho durante los créditos de la película.

El proyecto culminó con proyecciones en tres lugares diferentes de Asheville: Isis Music Hall, The Satellite Gallery y el Altamont Theatre and Music Hall. La película comenzó conmigo en el traje de baño en la concurrida piscina comunitaria hasta el maniquí con el traje de baño en la piscina abandonada. A medida que el poema crea un crescendo de lenguaje emotivo, las palabras insinúan la esencia más oscura y profunda de la película. Las escenas que siguen a las piscinas reflejan el resto de las palabras del poema: el camión Ryder, el Edificio Federal, las flores, los carteles en honor a las víctimas, el único árbol superviviente que quedó tras el atentado y las 168 sillas de bronce que representaban a las personas que murieron, organizadas en nueve filas, que representaban cada planta del Edificio Federal.

Una vez terminada la película, todos guardamos un momento de silencio por las vidas afectadas por esta tragedia. Las preguntas y respuestas posteriores ayudaron a la gente a procesar sus emociones. Luego, doné el proyecto al Oklahoma City National Memorial and Museum.

Sincronicidad

Fue increíble cómo el Espíritu siguió dirigiendo mi atención a tantos momentos y oportunidades sincronizadas que permitieron que un viejo maniquí con un traje de baño se convirtiera en un hermoso tributo a la tragedia del atentado de Oklahoma City. Todo es cuestión de honrar el tiempo divino. Reduce la velocidad y sé paciente mientras te abres a recibir y honrar tu guía Divina.

Cuanto más te abres tú y tu vida al Espíritu, más recibes. Todo lo que necesitas hacer es pedir ayuda, escuchar y permanecer abierto. El Espíritu nos habla de muchas maneras. Puede ser a través de estados de trance o sueños. O a través de lo que ves o escuchas en la letra de una canción, un libro, una película, un encuentro con un extraño al azar o un amigo querido, estando en la naturaleza, escuchando música sagrada, meditando u orando. Lo importante es prestar atención y no asumir que todo es aleatorio o casual.

Capítulo 11

2017 - Ecuador Chamán, Vidas Pasadas, Mediumnidad

———————— ༄ ☙ ☛ ————————

Estuve a punto de mudarme a San Miguel de Allende, México, a mediados de los treinta años. Después de cumplir sesenta años, volví a plantearme la idea de dejar Estados Unidos y vivir en un país extranjero. Tras investigar mucho, reduje mis opciones a México, Ecuador y Portugal. Mi primera parada fue Ecuador.

Cuando viajé a Ecuador, mi hijo vino conmigo y se quedó un par de semanas para ayudarme a instalarme. Mi esclerosis múltiple era tan debilitante que no estábamos seguros de que pudiera soportar el viaje a Ecuador. A mi hijo le preocupaba que mis problemas cognitivos fueran mucho peores en un país de habla hispana. Aunque había estudiado español en la universidad, le costaba creer que pudiera vivir en un país hispanohablante con mis graves problemas de memoria. Le prometí que llevaría siempre conmigo algunas frases básicas y mi dirección.

Tuvimos muchos problemas con la casa que había alquilado. Después de la primera noche, supe que necesitaba otro alojamiento, pero me preocupaba la energía física y mental necesaria para encontrar otro lugar. Mi hijo dio un paso adelante y se encargó de todo. Hizo toda la investigación y redujo los lugares que debíamos ver. Encontramos un lugar estupendo el primer día de nuestra búsqueda. Luego se centró en averiguar dónde podía conocer a expatriados.

Antes de volver a Estados Unidos me dijo:

—Estoy orgulloso de ti por tener el valor de seguir tus sueños, a pesar de tu enfermedad. No te preocupes; si pasa algo y no puedes quedarte, volaré hasta aquí y te llevaré a casa.

Viví seis meses en Ecuador. Una de mis prioridades era encontrar un curandero chamán, uno que se centrara en la sanación de la mente, el cuerpo y el espíritu. Para ello pueden utilizar hierbas, tabaco y lectura, y limpian la energía de una persona con un huevo, música, canciones, oración, incienso, ceremonias de fuego, aceites esenciales, trabajo corporal, sanación energética, medicina vegetal, viajes chamánicos, recuperación del alma, limpiezas espirituales y trabajo en trance.

La primera sesión de sanación con Roberto, un chamán ecuatoriano, fue un baño de limpieza para limpiar y purificar mi mente, cuerpo y alma. Roberto cocinó una gran olla de hierbas, que me hizo verter lentamente sobre mi cuerpo. Es importante dejar las hierbas sobre el cuerpo, para no resecarse. Me vestí y entré en la otra habitación para continuar la sesión de sanación.

No solo tenía la mayor parte del cuerpo y el pelo todavía mojados, sino que además era invierno y no había calefacción en la casa. No podía dejar de temblar. Aunque Roberto me indicó que no utilizara una toalla, sacó una de su estantería y me secó suavemente el pelo. En cuanto me tocó la cabeza, empecé a tener recuerdos de Roberto y yo juntos en una vida pasada. Éramos marido y mujer, curanderos incas. Recordé que me había secado el pelo de esta manera muchas veces en esa vida.

Después de secarme el pelo, se quitó su sombrero ceremonial y me lo puso en la cabeza. Me sorprendió mucho que me lo pusiera en la cabeza ya que era un sombrero sagrado.

Al día siguiente, hablé con Roberto.

Me dijo:

—No podía dejar de pensar en ti y en nuestra sesión. Como no podía dormir, me levanté en mitad de la noche y me fui de excursión descalzo a la cordillera de los Andes. Estuve allí casi toda la noche, pidiendo claridad sobre tu sanación.

Me sugirió un masaje chamánico, que combina la visualización con manipulaciones manuales y trabajo energético para liberar la energía estancada y el dolor físico, emocional, mental y espiritual. Roberto eliminó tanta energía negativa de mí durante el masaje que muchas veces tenía que ir a la otra habitación para escupir o vomitar la energía oscura.

Cada vez que me encontraba con Roberto, recordaba más vidas con él. Los recuerdos eran tan vívidos que desdibujaban las líneas entre el pasado y el presente. Roberto empezó a interactuar conmigo de forma más personal.

Tuvo que marcharse durante una semana para salir de la ciudad. Mientras estaba allí, me envió varios mensajes de texto mencionando que me echaba de menos. Sí, sé que no era apropiado que un sanador se lo dijera a un cliente. Sin embargo, ambos estábamos recordando nuestras profundas conexiones de vidas pasadas, que nos confundían en el presente. Yo también le echaba de menos, lo que nunca había ocurrido con un sanador.

La siguiente vez que vi a Roberto, empezamos a hablar de nuestros recuerdos de nuestras vidas pasadas compartidas.

Roberto me dijo:

—Sí, tuve el mismo recuerdo que tú en cuanto te toqué la cabeza para secarte el pelo después de tu baño de limpieza de hierbas.

Le dije:

—Desde esa noche, he tenido más recuerdos de esa vida. Vivimos hasta la vejez. La gente de nuestra tribu nos quería y respetaba. Fue una vida maravillosa.

Roberto asintió y sonrió de acuerdo.

Su siguiente revelación me dejó atónito.

—He tenido dos sueños recurrentes desde la infancia. El primero es sobre el antiguo Egipto. Donde estoy corriendo y escondiéndome en cuevas y túneles.

Pequeñas lágrimas Divinas empezaron a rodar por mi cara: era el mismo sueño que me contaron muchas de las personas que reconocí de la vida del antiguo Egipto.

—Mi otro sueño recurrente es sobre París. Yo era un servidor, y siempre está la misma mujer en el sueño.

—Yo soy la mujer de tu sueño de París —respondí.

¡Nunca había conocido a alguien en el que ambos recordáramos haber sido compañeros sentimentales en tantas vidas! Exploramos la posibilidad de tener una relación entre nosotros en esta vida. Las cosas cambiaron de rumbo. Roberto, un chamán multigeneracional, me sorprendió al compartir sus pensamientos.

—Estás muy por delante de mí espiritualmente. No creo que pueda alcanzarte nunca. También tengo miedo de ser el hombre que conociste en nuestras vidas pasadas.

A medida que recordaba más detalles de mi relación con Roberto en las vidas de París y Egipto, comprendí por qué Roberto se alejó. En París, yo tenía muchos admiradores y no me comprometía con él. Le rompí el corazón.

Luego, después de hacer más regresiones a vidas pasadas, me di cuenta de que, en Egipto, había perdido la confianza en Roberto. Ambos teníamos heridas profundas de vidas pasadas que parecían impedirnos estar juntos en esta vida. No creo que volvamos a intentar estar juntos en esta vida. Tal vez nuestro destino sea reunirnos en otra vida o en una dimensión diferente.

Cuando llegué de vuelta a los Estados Unidos, el Cuerpo del Alma de Roberto comenzó a aparecer. Esto continuó durante casi un año. Lo sentí tan real, que experimenté su Cuerpo del Alma con todos mis sentidos. Me preocupaba que el hecho de tener su Cuerpo del Alma tan cerca inhibiera mi capacidad de tener una relación íntima con otra persona en el mundo 3D. El Cuerpo del Alma de Roberto aparecía tan a menudo que temía que me estuviera volviendo complaciente con la situación.

Conexiones con los difuntos

Antes de salir de Ecuador, un pariente de una amiga mía se suicidó. Fue trágico porque dejó un bebé de un año y una joven esposa. Mi amiga me dijo que la esposa no estaba dispuesta a aceptar lo sucedido y se convenció de que había sido un accidente.

Un día, recibí un aviso de mis Guías Espirituales de que el marido fallecido quería hablar con su mujer a través de mí para explicarle lo que había pasado. Fue desgarrador escuchar todos los detalles. Lloré en silencio durante la sesión, al escuchar a su difunto marido lleno de tanta pena y arrepentimiento.

—No sé si debemos contarle todo —le dije a mi amiga. Me dejó muy claro que, efectivamente, se suicidó. Está muy arrepentido, pero es algo muy difícil de manejar. Como eres su tía, tienes que ser tú quien decida qué decirle.

Mi amiga respondió:

—Es importante que ella sepa la verdad; la ayudará a sanar. Entiendo que será difícil para ella escucharlo, pero creo que es lo correcto.

Cuando mi amiga le contó a su sobrina en español lo que me había dicho su marido, sentí que se me iba a romper el corazón.

Primero, gritó. Luego empezó a lamentarse, a balancear su cuerpo de un lado a otro como si eso pudiera sacudir algo y permitirle volver a un tiempo anterior a la muerte de su marido.

Todo lo que pudo decir fue:

—¡No! ¡No! ¡No!

Mi amiga abrazó y consoló a su sobrina, diciéndole que todo estaría bien. Me fui para darles más privacidad.

Capítulo 12

Primavera de 2018: Crisis de Salud Inesperada

───────── ❧❧❧ ─────────

Al volver de Ecuador, encontré algo rojo brillante, como sangre, en la taza del inodoro. Suponiendo que la causa era algo que había comido, decidí no preocuparme. Cada pocas semanas, volvía a ocurrir. Un día, también encontré pequeños trozos de tejido corporal. Acepté que se trataba de una hemorragia vaginal, algo que no debería experimentar una mujer mayor.

Mi médico me hizo una prueba de Papanicolaou y ordenó una ecografía vaginal. Al día siguiente de la ecografía, me reuní con el ginecólogo. Lo que me dijo me sorprendió.

—Según sus síntomas, su historial médico y los resultados de las pruebas, me preocupa que tenga cáncer de útero y de ovarios. Quiero programar varias intervenciones quirúrgicas. Tendrás que aceptar que le quite lo que considere que sea necesario.

No le gustó mi respuesta.

—Aceptaré la cirugía, pero necesito algo de tiempo para prepararme. Sin embargo, no le dejaré sacar nada hasta que hayamos tenido una conversación detallada y los resultados de la biopsia después de la cirugía.

El médico accedió a darme tres semanas y me reiteró que necesitaba que estuviera de acuerdo en que podía extirpar lo que considerara necesario.

Me propuse a estar tranquila y centrada y no permitir que el miedo dictara mis opciones. Tras recibir las noticias del médico, me reuní con una amiga para que me ayudara a elaborar un plan de sanación. Cuando dije algo de golpe, como si lo estuviera canalizando, nos sorprendió a ambas.

Dije:

—El cáncer tiene algo que ver con Roberto, el chamán ecuatoriano, mi hijo y mi vientre.

Como Roberto y mi hijo nunca se conocieron en esta vida, tenía sentido que yo necesitara una regresión a vidas pasadas. En el pasado, tuve varias regresiones a vidas pasadas que se centraron en una vida pasada en el antiguo Egipto. Ya sabía que Roberto estaba en esa vida, así que me preparé para revisitarla.

Durante las sesiones de sanación energética que realicé con personas que reconocí de esa vida egipcia, había reconstruido lo que sucedió. Los líderes de los Sabios enviaron una delegación a Egipto para llevar la sanación Yin Yang. Todos éramos seres extremadamente poderosos. Los líderes egipcios no tardaron en exigirnos que utilizáramos nuestro poder con fines nefastos.

Los líderes egipcios se agitaban cada vez que rechazábamos sus demandas. Éramos mucho más poderosos que ellos; nunca podrían tomar el control total si no recibían ayuda interna.

Ninguno de nosotros se dio cuenta de que sobornaron a algunos Sabios para que se volvieran contra el resto del grupo. Planearon un ataque para matarnos a todos. Para evitar que avisáramos a los demás telepáticamente, tuvo que ser simultáneo. Los recuerdos de vidas pasadas de todos, relacionados a esta vida, son los mismos. Al igual que la primera mujer con la que trabajé, mataron a muchos en el templo. Unos pocos escaparon. Eran los que tenían los sueños recurrentes de ser perseguidos, y de correr y esconderse en cuevas y túneles en Egipto.

La primera vez que me enteré del sueño fue en 2010. Un grupo de personas nos sentamos en la mesa de mi comedor. Una mujer nos contó un sueño recurrente que había tenido desde su infancia. Otra mujer comenzó a llorar en la mesa.

—¿Estás bien? —pregunté.

—He tenido ese mismo sueño desde que era una niña —respondió.

Imaginen mi sorpresa cuando, años después, Roberto, el chamán ecuatoriano, me contó que tenía un sueño recurrente sobre Egipto desde su infancia. Fue un poco alucinante oírle describir el sueño. Aunque solo habla español y se crió en un entorno completamente diferente, utilizó las mismas palabras que todo el mundo para describir lo que ocurría en sus sueños sobre Egipto. Después de escuchar este mismo sueño de muchas personas, empecé a llamarlos los "corredores".

A pesar de que viví en esa antigua vida egipcia, aún no había recordado lo que me ocurrió. Me di cuenta de que yo no era una corredora, ya que no tenía ninguno de los sueños de correr y esconderme en túneles y cuevas.

Siempre confié en que recordaría lo que me ocurrió en Egipto en el momento adecuado. Aun así, me ponía un poco nerviosa entrar en esta regresión a vidas pasadas para tratar el cáncer de útero y de ovarios. Cuando John comenzó la regresión, recé para tener fuerzas para afrontar lo que la sesión revelaría.

Lo primero que vi y sentí fue que me apuñalaban en el vientre. Estaba en el templo, tumbada, con los ojos cerrados, en profunda meditación.

—¡Oh, Dios mío! Estoy embarazada. Me están matando a mí y a mi bebé.

—¿Quién es el padre de tu bebé? —preguntó John.

Sollozando, tenía dificultades para hablar.

—Es el bebé de Roberto. ¿Por qué no volvió a buscarnos? Necesito entender por qué Roberto huyó en lugar de buscarme.

Mientras John me guiaba, observé a algunos miembros de nuestro grupo afuera trabajando en el campo. En una fracción de segundo, los guerreros egipcios vinieron corriendo hacia ellos con sus espadas listos para la batalla. Los Sabios empezaron a correr tan rápido como pudieron para entrar en las cuevas. Sin la capacidad de transmitir y recibir mensajes telepáticos, no se dieron cuenta de que otros estaban siendo asesinados.

La siguiente pregunta de John me desafió aún más.

—¿Quién te está apuñalando?

Eché un vistazo y respondí:

—No reconozco quién es.

—Mira más de cerca. Tienes que identificar quién te está asesinando.

—No puedo.

—Míralo a los ojos. Sabes quién es. No tengas miedo. Estoy aquí contigo.

Tenía sentido que John me animara a mirarle a los ojos. Mantener una mirada intencionada a los ojos de alguien es una de las formas más rápidas de conectar con la energía del alma de otro ser.

Miré a los ojos de mi asesino y pedí a mis Guías Espirituales que me revelaran su identidad. En cuanto lo hicieron, mi cuerpo cayó en una completa sobrecarga de estrés. Con el corazón acelerado, mi respiración se aceleró y se volvió superficial, y todo mi cuerpo se tensó.

Me quedé sin aliento. Aunque esta persona no me resultaba familiar, con la ayuda de mis Guías Espirituales, me di cuenta de que la conocía de muchas otras vidas.

—Oh, Dios mío. Es mi hijo. Nos está matando a mi bebé y a mí. Nos ha traicionado. ¿Por qué no me di cuenta de que esto pasaría? Era mi responsabilidad cuidar del grupo. ¿Cómo no pude saberlo?

La siguiente petición de John me abrumó.

—Tienes que perdonar a tu hijo y a Roberto.

—No puedo. Esto es demasiado. No estoy segura de poder superar la traición.

—Chloe, lo entiendo. Pero la única manera de liberarte es perdonarlos.

Aún luchando por perdonar a mi hijo y a Roberto, John me guio a través de un proceso de perdón. Primero, me hizo respirar lenta y profundamente. Luego me pidió que repitiera después de él.

—Roberto, te perdono por no haber vuelto a rescatarnos. Ahora me doy cuenta de que no sabías que estábamos en peligro. Te perdono por huir.

Después de darle mi perdón a Roberto, John me pidió que respirara más profundamente.

—Inhala la energía del perdón. Exhala tu dolor, tu ira y tu decepción.

Hicimos el mismo proceso con mi hijo. John me dijo que repitiera después de él

—Te perdono por traicionar a los Sabios. Te perdono por matarme a mí y a mi bebé en Egipto.

Angustiada, le dije a John:

—Lo siento. No creo que pueda perdonarlo por los asesinatos.

—Chloe, el proceso de perdón es para ti. Hasta que no puedas perdonar a tu hijo, ese suceso permanecerá atrapado en tu cuerpo y en tu mente. Entiendo lo difícil que es hacerlo. Al perdonarlo, no estás diciendo que los asesinatos y otras traiciones estuvieron bien. Es una manera de dejar ir lo que pasó, para que podamos limpiar tu energía y puedas seguir adelante.

Mientras respiraba profundamente, repetí:

—Te perdono por traicionar a los Sabios. Te perdono por matarnos a mi bebé y a mí en Egipto.

Luego, John me hizo hacer más respiraciones profundas hasta que no sentí más carga emocional por lo que mi hijo y Roberto habían hecho en Egipto. John terminó nuestra sesión con una poderosa afinación Reiki.

Sanación por inmersión sonora

River Guerguerian siempre ha sido uno de mis sanadores favoritos. Esta sesión de sanación fue extraordinaria. Cuando llegué a su estudio, me mostró su nuevo tambor. El sonido era exquisito. Me llevó a un lugar profundamente sagrado. Debido a mis viajes, hacía tiempo que no veía a River.

—Ya no hago muchas curaciones por inmersión en el sonido —me dijo River.

—¿Por qué? Eres un sanador sonoro muy talentoso y sorprendente. ¿Por qué dejarías de hacerlo?

—Estoy cansado de la gente que viene a mí y no está dispuesta a hacer su trabajo. O de los que tienen miedo de entregarse al proceso, por lo que no reciben todo el beneficio de la experiencia.

—Lo entiendo. He experimentado el mismo reto. Si una persona acude a mí durante varias sesiones y me doy cuenta de que no ha hecho su trabajo, le digo que no puedo seguir trabajando con ella. No somos "arregladores": la sanación alternativa es un esfuerzo de equipo.

—Chloe, me encanta hacer inmersiones de sonido contigo. No tienes miedo de profundizar. Cuando te entregas por completo, mejora la experiencia para mí también.

Como siempre, fue una gran sanación sonora.

Durante al menos treinta minutos después de la inmersión sonora, River parecía escuchar mis preguntas antes de que yo las formulara en voz alta. Sin intentarlo, me comunicaba con él telepáticamente. En mi mente, pensaba en una pregunta, que él respondía inmediatamente en voz alta. Hacía tiempo que sospechaba que River era un Sabio, así que tenía sentido que pudiera comunicarme con él de esta manera.

River me dijo que veía cáncer en mi cuerpo.

Me explicó:

—La buena noticia es que ahora mismo es pequeño. Todavía tienes tiempo de deshacerte de él.

River añadió:

—Si hay algo más que necesites que haga, dímelo.

Trabajo corporal chamánico

Nunca había conocido a Michael Brasunas, una gentil alma angelical que hace trabajo corporal chamánico sagrado y sanación energética. Menos mal que le hice caso a mi intuición y fui a verle. Sus manos se pusieron tan calientes que pensé que podría tener marcas de quemaduras en mi vientre. Era como si estuviera incinerando el cáncer de mi cuerpo. Luego empezó a hacer movimientos de amasamiento en mi vientre como si quisiera sellar el trabajo que acababa de hacer. Michael terminó todo con largos movimientos de barrido desde la parte superior de mi cabeza hasta la planta de mis pies para limpiar cualquier cáncer residual o energía negativa.

Después, estuvo de acuerdo con mi percepción de lo que había hecho durante la sesión.

Sesión holística transpersonal

Me encanta tener sesiones con Shannon South. Es un proceso espiritual muy hermoso y poderoso. Siempre me sorprende lo mucho que podemos resolver en una hora.

Varios sanadores me dijeron que necesitaba decir mi verdad con más autenticidad. No me sorprendió cuando esta sesión con Shannon me reveló que el hecho de que estuviera enferma era mi cuerpo tratando de llamar mi atención acerca de honrar mi verdad, y de estar dispuesta a compartir mi ser auténtico. Créeme, cuando un médico piensa que puedes tener dos tipos de cáncer, ¡prestas atención!

El proceso de Shannon te ayuda a profundizar para descubrir el núcleo. Una vez que encuentras el problema central y hablas de él, te invita a liberarlo describiendo primero su aspecto. El mío parecía un alquitrán negro y pegajoso. Luego te pide que le digas qué aspecto tiene después de haberlo liberado de tu cuerpo. Había transformado el alquitrán negro antes pegajoso en un trozo de piedra de lava negra endurecida y calcificada.

También veo imágenes que simbolizan el problema principal. Vi un símbolo del yin-yang adentro de un corazón. Para mí, esto representaba encontrar el equilibrio y la armonía, integrar lo masculino y lo femenino, y un recordatorio de que tengo dentro de mí la sanación del yin y el yang de la dimensión de los Sabios. Hice una almohada con un corazón y el símbolo del yin-yang como parte de mi proceso de sanación.

Sanador psíquico

Bob confirmó lo que ya me habían dicho: este susto del cáncer se debía a que necesitaba ser más auténtica. Me ayudó a entender que cuando retengo mis verdaderos pensamientos y sentimientos, eso me impide ser mi yo auténtico. Me advirtió que, si no aceptaba mi verdadero yo, crearía una enfermedad en mi garganta.

Su predicción de un posible problema de garganta me llamó la atención. Recordé una sesión de Reiki que recibí en Ecuador de una mujer italiana. Todo el tiempo que estuvo trabajando en mi chakra de la garganta, pensé que iba a vomitar. En cuanto pasó a otro chakra, las náuseas desaparecieron. Después de nuestra sesión, me pidió que pensara en lo que me costaba decir. Luego, me reuní con una sanadora de sonido de Chile. Ella también notó los mismos problemas con mi chakra de la garganta y me preguntó qué temía ver y decir.

Segunda sesión de inmersión sonora

Al acercarse la fecha de la operación, sentí que necesitaba otra sesión con River. Le dije que quería la sesión completa solo con su nuevo tambor. Mis Guías Espirituales sugirieron que, en lugar de estar acostada, debía estar de pie para que la vibración del tambor llegara a ambos lados de mi cuerpo.

Me puse de pie en medio de la habitación mientras River caminaba a mí alrededor tocando el tambor. Cuando empezó, lágrimas Divinas rodaron por mis mejillas. Eso me transportó a la dimensión de los Sabios. Con una abrumadora sensación de conocimiento, vi que cuando nos preparábamos para entrar en una batalla espiritual, formábamos un círculo. De uno en uno, nos colocábamos en el centro del círculo mientras River tocaba el tambor a nuestro alrededor. Las vibraciones de los tambores nos limpiaban y fortalecían.

Noté un cambio en River después de esta poderosa sesión de tambores. Parecía estar más abierto a la posibilidad de que fuera de las dimensiones de los Sabios.

—¿Has investigado alguna vez sobre los Sabios? ¿Ha escrito alguien más sobre ello?

Respondí:

—No, no lo he hecho. Pero me parece una buena idea. Te haré saber lo que encuentre.

Cuando me fui, todavía estaba en un estado alterado. La amiga con la que quedé para comer se dio cuenta y me preguntó por mi sesión. Cuando mencioné a los Sabios y a Egipto, su cara se puso pálida y empezó a llorar.

—¿Qué pasa? ¿Estás bien? —le pregunté.

En un susurro, respondió:

—Nunca le conté a nadie sobre mi vida en Egipto —mientras seguía llorando, me contó lo que recordaba.

—Estuve allí. Lo vi todo. Antes de que alguien pudiera matarme, me recogieron y me llevaron a otra dimensión.

Me dejó atónita.

—¿Se llevaron a alguien más?

Respondió:

—No. Yo fui la única. Estaba embarazada y querían salvar al bebé.

Lágrimas también comenzaron a correr en mí.

—Yo también estaba embarazada. Los Sabios debieron agarrarte cuando se dieron cuenta de que los traidores habían asesinado a mi bebé y a mí.

Aunque conocía a esta mujer desde hace más de un año, nunca habíamos hablado mucho de asuntos espirituales. Qué sorpresa descubrir que estaba en Egipto y que había sobrevivido a la masacre. Comprendo por qué no le había contado a nadie esta experiencia. Fue tan traumática que la mayoría de nosotros habíamos bloqueado esa vida.

Último paso: crear un espacio sagrado en el hospital

Después de tres semanas de sesiones intensivas de sanación, supe que tenía que continuar el trabajo de sanación espiritual durante la estancia en el hospital para los procedimientos quirúrgicos. No hay reglas estrictas sobre cómo crear un espacio sagrado. Al igual que en la creación de un altar, elige objetos que sirvan como recordatorios visuales y energéticos de lo que es importante para ti espiritualmente.

La almohada de corazón yin yang que hice fue una prioridad. La mantuve sobre mi vientre hasta que me llevaron al quirófano. Puse cristales de mi casa en los chakras del corazón, del plexo solar, del sacro y de la raíz.

Mi lista de música sagrada me reconfortó y me ayudó a mantener la calma y los pies en la tierra. La música incluía la sesión de inmersión sonora canalizada de los Sabios que River y yo hicimos en 2013, "Journey Through the Chakras" de Iván Martín García, "Heart of Healing" de Karen Drucker y "Rhythms of the Chakras" de Glen Velez. Escuché la música durante el preoperatorio, la cirugía y mientras estaba en la sala de recuperación.

También me llevé una hermosa tarjeta de ave fénix. Cuando me encontré con una amiga unos días antes de la operación, me canalizó este mensaje:

—Chloe, vas a estar bien. Siempre eres el ave fénix que se levanta.

La tarjeta, un dibujo de colores brillantes en tonos rojos, naranjas, amarillos y dorados, representaba a la mítica criatura aviar griega, el fénix. El ave fénix, al resurgir de las cenizas del fuego en su nido, representa el renacimiento, la transformación y la renovación. El ave fénix es una llamada a dejar ir lo que ya no te sirve, para aceptar una forma de vida más iluminada. La leyenda de la tarjeta resumía todo lo que había estado trabajando:

—Elige la transformación y la pasión por vivir surgirá de lo que dejes ir.

Mi amiga, que esperó conmigo hasta que entré en el quirófano, siguió leyendo este mensaje en voz alta durante todo el tiempo que ella me acompaña.

He tenido cirugías en el pasado; nunca había estado tan calmada, pacífica y centrada. Creamos un espacio sagrado tan poderoso que cuando el personal del hospital entró, su comportamiento cambió. En cuanto el cirujano entró en el espacio sagrado, se disculpó.

—Siento no haberte escuchado a ti y a tus deseos. Debería haber sido más compasivo, receptivo y comprensivo. Tú te ofreciste a someterte a una segunda cirugía si era necesario. No fue correcto de mi parte seguir insistiendo en que tenías que permitirme extirpar algo en ese momento. Espero que puedas aceptar mis disculpas.

Entonces, justo antes de que me operaran, la anestesióloga devuelto. Revirtió su decisión inicial de administrarme anestesia tradicional, ya que con ella experimento muchas náuseas y vómitos. En lugar de intentar contrarrestarlas con medicamentos contra las náuseas, cambió de anestesia. Me puso una inyección y luego empezaron a hacer rodar mi camilla. Lo último que recuerdo es haber visto el Cuerpo del Alma de Roberto, el chamán ecuatoriano, mientras pasaba en silencio por los pasillos.

Buenas noticias

Mi cita de seguimiento fue unos días después. El médico se sorprendió de que todo se viera bien durante la operación. Sin embargo, como precaución, me hizo un enjuague oncológico para comprobar si había células cancerosas en la cavidad peritoneal. Las biopsias y las células del enjuague oncológico fueron negativas.

Contenta con todo el trabajo de sanación que hice antes de la operación, no me sorprendió que el médico me diera buenas noticias. Durante las tres semanas que hice todo el trabajo alternativo de sanación, me centré en las lecciones que surgían durante las sanaciones en lugar de ir por un camino lleno de miedo de tener cáncer. Excepto por el shock inicial de escuchar a mi médico decirme que pensaba que tenía dos tipos de cáncer, tuve muy pocos momentos pensando en si tenía cáncer, y en cómo eso podría afectar a mi vida.

Capítulo 13

2018: San Miguel de Allende, México
Sanaciones, Activaciones, e Iniciaciones

———⟲⟳———

Vivía en un barrio mexicano a poca distancia del Centro, en una increíble casa de dos pisos en un complejo de artistas. Bennie fue la primera persona que conocí en el complejo. Conectamos en muchos niveles. En poco tiempo, nuestra conversación giró en torno a la espiritualidad.

Empezó a hablarme de una amiga que le había contado hace años sobre una vida que Bennie tuvo en Egipto. Me dejó atónita. Llevaba solo unos días en San Miguel, todavía desempacando y acomodándome. No había pensado mucho en si me encontraría allí con alguien de la antigua vida egipcia, y aquí estaba Bennie sentada a mi lado, sacando el tema.

—¿Qué te dijo tu amiga sobre esa vida? —pregunté.

—Dijo que había ocurrido algo terrible y que me ayudó a escapar. Una gran roca escondía la entrada a un túnel. Movió la roca y me dijo que corriera lo más rápido posible. Mi amiga dijo que habría más túneles y cuevas y que debía permanecer siempre escondida.

Cuando me encuentro con personas de la vida egipcia, siempre les dejo hablar antes de decir algo.

—¿Qué más te dijo tu amiga sobre esa vida? —pregunté.

Benny respondió:

—Ella no quiso decirme más nada. Dijo que era horrible.

Respiré profundamente y dije:

—Tu amiga tiene razón. Fue terrible. ¿Estás preparada para saber qué pasó?

Bennie se volteó y me miró, desconcertada, y preguntó:

—¿Cómo sabes lo que pasó?

—Empecé a recordar esa vida hace diez años. He conocido a mucha gente de esa vida y he podido reconstruir lo que pasó.

Mientras le contaba a Bennie lo sucedido, se quedó inmóvil. Luego, pequeñas lágrimas rodaron por sus mejillas. Todos los habitantes de aquella vida egipcia experimentaron la misma conmoción, angustia y dolor cuando empezamos a hablar de lo sucedido.

Observar cómo reacciona la gente ante la información se convirtió en una de mis formas de confirmar que eran de esa vida. Un genocidio tan horrible haría llorar a cualquiera que lo hubiera presenciado y vivido.

Una vez que se abrieron las compuertas para Bennie, empezó a recordar más. Juntas, logramos una mayor claridad sobre esa vida.

La conexión con Bennie siguió sorprendiéndome. La primera vez que ella y su pareja hicieron conmigo un viaje chamánico con tambores, reconocí que su energía era la misma que la del jefe nativo americano que había aparecido como Guía Espiritual en las primeras sanaciones energéticas en persona que hice.

Los viajes de percusión chamánica se utilizan para entrar en un estado de trance y visitar otras dimensiones. Un tambor tocado con un ritmo de cuatro golpes por segundo puede inducir un estado alterado. Otros métodos de viaje chamánico pueden ser el canto, la danza, los cánticos, la meditación o agitar una maraca u otros instrumentos de percusión.

La segunda vez que hicieron un viaje chamánico con tambores en mi casa, caí en un profundo trance. Esa noche, los tambores sonaban casi idénticos a los de mi amigo curandero River Guerguerian. El sonido era muy parecido, como si River estuviera en la habitación tocando. Como estaba en un trance profundo con los ojos cerrados, no reconocí quién canalizaba los tambores de River. En cuanto terminaron, abrí los ojos.

Mientras señalaba el centro de la sala, pregunté:

—¿Quién ha tocado el tambor en ese espacio?

—Yo —respondió Bennie. ¿Por qué lo preguntas?

—Tu forma de tocar el tambor esta noche es idéntica a la de mi sanador y amigo River Guerguerian. Eres su doppelgänger del tambor.

Antes de que se fuera, le sugerí que tal vez quisiera mirar la página web de River.

—Creo que podrías recordar a River en otras vidas.

Recibí un breve mensaje de Bennie.

—Sí, lo conozco.

Mi siguiente encuentro con alguien de la vida egipcia en San Miguel fue con otro vecino. No recuerdo cómo ni por qué empezamos a hablar de Egipto. Como muchas de las personas que conocí del antiguo Egipto, Tom empezó a sollozar cuando hablamos del asesinato de los Sabios. Sin embargo, a diferencia de mis otros encuentros, no vi su papel en Egipto. Creo que me impresionó tanto su dolor que supuse que con el tiempo quedaría claro el papel que desempeñaba. Dos años después, me pregunté si Tom había sido un traidor de los Sabios.

El marido de una curandera local, Fred, me pidió que le hiciera una sanación energética. Le expliqué que mi capacidad para acceder a las vidas pasadas de otras personas depende de mis Guías Espirituales y de la voluntad de la persona de entregarse al proceso. No esperaba que Fred estuviera conectado con la antigua vida egipcia. Sin embargo, hacia el final de la sesión, lo vi correr mientras se dirigía a las cuevas. Un egipcio, blandiendo una espada en el aire mientras montaba su caballo, apuntó a Fred. De un solo golpe, la espada atravesó la espalda de Fred y salió por su estómago.

Luego, un joven se mudó al recinto de los artistas. Empezamos a hablar de espiritualidad. Me sorprendió cuando mencionó a los Sabios.

—¿Conoces a los Sabios? —le pregunté.

—Sí, hace tiempo que los conozco —respondió.

—¿El antiguo Egipto significa algo para ti? —le pregunté.

—No, ¿por qué? —preguntó.

—Llevo diez años recordando y conociendo a personas de una vida pasada en Egipto. Tiene que ver con los Sabios. Nunca conocí a nadie que supiera de los Sabios que no tuviera también una conexión con la vida antigua egipcia. Pensé que tal vez me había inventado el nombre.

—Oh, no, no te lo has inventado —me aseguró.

Charco del Ingenio - jardín botánico

Me sorprendió darme cuenta de la profunda conexión que tienen estos jardines desérticos de San Miguel con la antigua vida egipcia. Una mañana, me desperté con un impulso irrefrenable de ir a los jardines botánicos del Charco. Nada más al llegar, me sentí alterada. Todo me resultaba muy familiar. No estaba segura de si estaba recordando cosas del pasado, o si estaba en el pasado, visitando el futuro.

Al ver por primera vez la piscina que se encuentra entre las profundas paredes cavernosas del desfiladero, empecé a tener visiones de algunos de mis compañeros Sabios de la vida egipcia. Pude ver que vivimos aquí en El Charco hace muchas vidas. Cuando miré directamente a la zona de la piscina, lo vi todo. Reconocí a Roberto, Bennie y River. Roberto y yo éramos curanderos chamanes, y Bennie y River eran los tamborileros de nuestra tribu.

Era como ver una película. Lo más extraño es que solo tenía las visiones si miraba directamente a la piscina. Era como si un vórtice se abriera cuando mantenía la mirada en la piscina.

Bennie vino conmigo la siguiente vez que visité los jardines. Una vez más, mis visiones sobre nuestra vida allí fueron muy claras. Mientras miraba a la piscina, podía ver todo. Empecé a preguntarme si los Sabios querían que realizáramos algún tipo de ceremonia en El Charco.

Desde que empecé a canalizar información de la dimensión de los Sabios en 2008, solo he podido obtener información que necesito saber en el momento. Por lo tanto, no avanzo con ningún trabajo espiritual que involucre a los Sabios a menos que tenga claro que estoy siendo guiada para hacerlo por ellos. Aunque mis visiones eran muy fuertes cada vez que visitaba El Charco, nunca recibí una guía final de ellos sobre la celebración de una ceremonia de los Sabios en los jardines.

Cuando regresé a los Estados Unidos, tuve otra sesión con Michael, el sanador chamánico y trabajador corporal. En el pasado, Michael había compartido conmigo que no había tenido un recuerdo de vidas pasadas, lo que hizo que esta sesión fuera aún más sorprendente. A mitad del trabajo corporal, se detuvo para hacerme una pregunta.

—Chloe, estoy recibiendo información importante sobre tu vida en Egipto. ¿Está bien si dejo lo que estoy haciendo para contártelo?

—Por supuesto —respondí.

Continuó:

—Se te pide que perdones lo que pasó en Egipto.

Respondí:

—Ya lo hice en mi última regresión de vidas pasadas. Fue difícil, pero con la ayuda del terapeuta de la regresión, perdoné a Roberto y a mi hijo.

—No, ahora se te pide que perdones a todos: a los autores y a las víctimas. También tienes que perdonarte a ti misma. Entiendo que te culpes a ti misma, que de alguna manera deberías haberlo sabido y haber podido evitarlo.

Abrumada por el dolor, al principio no fui capaz de responder.

—Nadie lo vio venir, ni siquiera los líderes de la dimensión de los Sabios. Creo que por eso los Sabios no querían que hiciéramos una ceremonia en San Miguel. Hasta que no estén seguros de por qué y cómo ocurrió esto en Egipto, no quieren que hagamos nada que pueda reavivar nuestros poderes.

Encuentros chamánicos sagrados

Resueno con el trabajo chamánico. A veces, es difícil encontrar un auténtico chamán curandero, un sanador y líder espiritual respetado en la comunidad. Cuando vivía en Ecuador, tardé un mes en encontrar uno. Es mucho más fácil encontrar un chamán si lo único que quieres es una experiencia de medicina vegetal alucinógena como la ayahuasca.

Durante mi estancia en San Miguel de Allende, me reuní con Q'eros Pagos Andinos Don Humberto Sonco. Los Q'eros peruanos son los descendientes directos de los incas. Como están tan dedicados a preservar sus costumbres indígenas, hasta 1996 no se permitía la visita de personas de afuera. Los pagos son los líderes espirituales y curanderos de la nación de Q'eros.

Tuve una iniciación y activación del Karpay con Pagos Don Humberto. Esta ceremonia abre los chakras para conectar con la energía y la sabiduría andina con el fin de entender y acceder a las habilidades que no se han utilizado debido a los bloqueos. Experimenté un cambio significativo de aumento de la paz, felicidad, sabiduría, claridad, conciencia y agudizamiento de los sentidos.

Luego encontré a Eduardo Morales, un increíble curandero chamán que vive en Tepoztlán. Él y su esposa venían a San Miguel de Allende una vez al mes para ofrecer sus servicios de sanación. Mi primera sesión con Eduardo se centró en mi relación con mi hijo. Volví para dos sesiones más para completar el trabajo relacionado con mi hijo.

La mayoría de las veces, Eduardo te da tarea, lo cual me encanta. Para el trabajo de sanación con mi hijo, me indicó que buscara un lugar seguro para quemar velas, para que pudieran arder todo el tiempo. Puse las velas en la repisa de la chimenea de azulejos, junto con una foto de mi hijo. Cada vez que encendía una vela, decía una bendición, con la intención de sanar y fortalecer mi relación con mi hijo.

Dediqué mis siguientes tres sesiones con Eduardo a eliminar a Roberto de mi campo energético. El Cuerpo del Alma de Roberto me había estado visitando durante casi un año. Sentía que se estaba volviendo poco saludable en el mundo de la tercera dimensión permitir que esto continuara. Había probado muchos remedios, y nada había impedido que apareciera.

—Creo que Roberto se ha unido a mi campo energético — le dije a Eduardo.

Cuando Eduardo comenzó la sesión, compartió conmigo lo que había visto.

—Tienes razón. Ha unido su campo energético al tuyo. No te preocupes; puedo eliminarlo.

Después de tres sesiones, Roberto ya no aparecía en mi mente ni en mi campo energético. Teniendo en cuenta que había probado muchas cosas para eliminar a Roberto, me impresionó mucho que Eduardo lo hubiera conseguido. Fue un alivio no tener el Cuerpo del Alma de Roberto cerca de mí todo el tiempo.

Durante mi último mes en San Miguel, tuve otra cita con Eduardo. Esta vez, estaba preparada para un gran milagro.

—Estoy muy agradecida por los fantásticos resultados con su trabajo en mí. Así que la siguiente petición es enorme. Quiero que me quites la esclerosis múltiple.

Eduardo respondió:

—De acuerdo. Vamos a ponerte en la mesa para que pueda consultar con tu alma y tus Guías Espirituales a ver lo que dicen.

Este período de "chequeo" fue mucho más largo que mis otras sesiones con Eduardo. Eso tenía sentido, ya que este sería un desafío de sanación mucho mayor.

—La buena noticia es que sí, puedo hacerlo. ¿Podría tener cinco sesiones más esta semana? Los guías dijeron que serían necesarias seis sesiones.

—¡Por supuesto! Solo dime cuándo y estaré aquí —exclamé.

Eduardo me indicó que evitara todo tipo de alcohol y otras sustancias durante las dos semanas siguientes. Esta sanación era extremadamente importante para mí, así que también permanecí en estado de meditación durante ese tiempo.

Esa semana completé seis sesiones con Eduardo. Para la última sesión, me pidió que llevara una flor y un frasco. Durante todo el tiempo que viví en San Miguel, me rodeé de girasoles. Cuando me pidió que trajerallevara flores a mi iniciación y activación del Karpay, elegí girasoles. Así que llevé un girasol para esta última sesión de sanación con Eduardo. Él llenó el frasco con agua de lluvia y me dijo que al final de la sesión, utilizaría el girasol para rociar el agua por todo mi cuerpo. Después, puso el girasol en el frasco y me lo dio.

—Debes mantener el frasco bajo la luz del sol todos los días durante un mes. Al trigésimo día, quiero que entierres los restos del girasol. Una vez que completes la ceremonia de enterramiento, no mires atrás.

Elegí un lugar alejado en el patio para no mirar atrás. Mientras escribo esto, me doy cuenta de que "no mirar atrás" también se refería a la esclerosis múltiple. Era el momento de dejar atrás el pasado y avanzar de forma nueva y saludable.

Mi vida cambió drásticamente, en el buen sentido. Volví a sentirme normal. Era como si mi cuerpo hubiera renacido. Fue uno de los mayores milagros de sanación que he experimentado.

Capítulo 14

Primavera de 2019 Europa Despierta más Recuerdos de Vidas Pasadas

———— ᘔᕤᖆ ————

Europa era la última parada en mi búsqueda del próximo lugar donde quería vivir. Planeé quedarme en Oporto durante seis semanas. Durante ese tiempo, también visité otras ciudades de Portugal, todas ellas encantadoras. Dejé Oporto antes de tiempo porque no parecía que Portugal fuera a ser mi elección.

En cuanto me bajé del metro en Atenas, Grecia, me sentí como en casa. Me encantó la vitalidad y la pasión. Me di cuenta de que eso era lo que echaba de menos en Portugal.

Deseaba visitar el Templo de Zeus. En cuanto entré al recinto, pequeñas lágrimas divinas empezaron a rodar por mis mejillas. Una parte de las ruinas me hipnotizó. No podía moverme ni apartar los ojos de ella. Apareció un recuerdo de regresión de vidas pasadas que experimenté en 2008. Nos emboscaron y asesinaron mientras mi marido, mi bebé y yo estábamos en las escaleras de un templo en Grecia.

Le escribí a mi hijo sobre los recuerdos de vidas pasadas y mi experiencia emocional en el Templo de Zeus, ya que él era mi hijo en esa vida pasada. Esperando que dijera que era solo una coincidencia o mi imaginación, su respuesta me tomó por sorpresa.

—Bueno, eso tiene sentido. ¿No recuerdas que mi libro favorito de niño era de mitología griega? Y en la universidad, mi clase de mitología griega me parecía cautivadora.

Me había olvidado de su libro de mitología.

Cuando hice un curso de mitología griega en la universidad, me pasó lo mismo. Me encantó tanto que me planteé cambiar de carrera.

El día siguiente fui a la Acrópolis. Era impresionante estar en medio de toda esa historia. Esperando tener una reacción similar, me sorprendió no tener recuerdos ni emociones fuertes sobre la Acrópolis.

Tras varios días en Atenas, volé a Creta. Mientras el taxista me llevaba a mi alquiler, me señaló una isla con forma de cocodrilo.

—La leyenda dice que Zeus nació en esa isla. La hicieron parecer un cocodrilo para protegerlo.

Mi decisión de ir a Atenas y Creta había sido una decisión espontánea de última hora. Después de mi poderosa reacción en el templo de Zeus y de escuchar luego la leyenda de que Zeus había nacido en esa isla de Creta, me di cuenta de que el Espíritu me había dirigido a venir aquí. No era casualidad que desde mi apartamento tuviera una vista perfecta a la isla de los cocodrilos de Zeus.

Mi viaje al Palacio de Knossos fue aún más revelador. Es el mayor de todos los antiguos palacios minoicos de Creta, y Homero lo menciona en su poema épico "La Odisea". Los diálogos de Platón sobre la mítica Atlántida también hacen referencia a Cnosos. Lo que más me atrajo de Knossos fue el hecho de que muchas mujeres ocupaban posiciones de poder como diosas en la antigua cultura minoica.

Conocido como uno de los yacimientos arqueológicos más famosos del mundo, el palacio de Knossos fue el centro de las actividades políticas, sociales y culturales de la civilización minoica durante la Edad de Bronce. El palacio construyó un sofisticado sistema de agua e iluminación.

Después de visitar el Palacio de Knossis, hice un segundo viaje a la ciudad, al Museo Arqueológico de Heraklion. Había muchas estatuas, dibujos, pinturas y cerámicas que representaban a mujeres adornadas con serpientes. Me quedé sin aliento al pensar en la cantidad de serpientes que ha habido en mi vida.

Cuando las serpientes empezaron a aparecer en mi vida actual, supe que la serpiente era uno de mis animales espirituales. Pero me resistía a aceptarlo. Durante mi visita al museo, experimenté un déjà vu al darme cuenta de que había sido una diosa en el palacio. También me sorprendió ver las similitudes de esta exposición con el antiguo Egipto. Hay una fuerte conexión entre las dos civilizaciones, y yo formé parte de ambas.

En cuanto salí del museo, experimenté un poderoso impulso de encontrar un brazalete de serpiente. Sabía que había llegado el momento de aceptar y honrar a la serpiente como uno de mis animales de poder.

Supuse que había completado mi viaje espiritual en Grecia y Creta. Unas noches antes de partir, reservé un viaje a un restaurante en las montañas de Creta. Mientras el autobús recorría sinuosas carreteras montañosas, tuve otro momento de déjà vu. Reconocía todo de un sueño lúcido que tuve varios años antes de este viaje. En el sueño, me parecía muy familiar, como si hubiera vivido allí en otra vida. Ahora me doy cuenta de por qué veía serpientes por todas partes en ese sueño.

El otro lugar de vida pasada que visité fue París. Desde que recibí mensajes sobre ser una bailarina de cancán en París, me entusiasmó la idea de ir a Montmartre y al Moulin Rouge. Aunque el edificio original se quemó en 1915, lo reconstruyeron en 1921. Lloré cuando me paré frente a él. Me vinieron imágenes de Roberto, el chamán ecuatoriano. Trabajó en el Moulin Rouge como camarero en aquella vida parisina. Yo había sido una bailarina favorita con muchos admiradores adinerados. Roberto quería hacer una vida conmigo. Siendo bastante salvaje e indulgente en esa vida, nunca pude comprometerme con él, lo que le rompió el corazón.

Durante mi estancia, no me cansaba de París. Todo me parecía familiar. Caminaba por los barrios durante horas, empapándome de la energía parisina y de los recuerdos de vidas pasadas. Me gustaba tanto París que me planteé incluirla en mi posible lista de lugares para vivir. Como mínimo, me gustaría volver a ir para una estancia mucho más larga.

Cuando mi hijo crecía, le contaba el curioso sonido que hacen las ambulancias en París. Como sabía que no había estado allí en toda mi vida, siempre se burlaba de mis recuerdos del sonido de las ambulancias. Cuando me llamó el día de mi cumpleaños, yo estaba de pie en un puente con vista al río Sena, cerca de la orilla izquierda. Mientras hablábamos, pasó una ambulancia. Mi hijo se rio al oír la ambulancia: el sonido era el mismo que yo le había descrito todos estos años.

Capítulo 15

Hacer las Paces con las Visiones que Predecían un Desastre Mundial

❧ ❦ ❧

Viajé durante un par de años para ver dónde quería vivir después. Además de Portugal, Francia, Grecia y Creta, también visité Italia y España durante mi viaje a Europa en 2019. Pensando que podría elegir Portugal, una conversación que tuve con unos expatriados que conocí en Oporto me sorprendió.

—¿Estás emocionada por mudarte a Portugal?

—No. Todavía estoy tratando de decidir dónde quiero vivir.

—¿Qué otros países estás considerando?

—Los dos principales contendientes, además de Portugal, son México y Ecuador.

—¿Sientes algo más fuerte por alguno de ellos?

—Sí, parece que no puedo sacarme a México de la cabeza. Me encanta todo: la cultura, la población indígena, la comida, la tierra, el arte. Crecí en Texas, con frecuentes viajes a México. Cuando viví en San Miguel de Allende en 2018, me sentí bendecida de estar allí todos los días.

—¡Vaya! Todo tu cuerpo se ilumina cuando hablas de México. Estás resplandeciente, tienes una enorme sonrisa en la cara y tienes un brillo en los ojos. Nada de eso ocurría cuando hablabas de cualquiera de los otros países. Basándome en la reacción de tu cuerpo, diría que México es una buena opción para ti.

Mantuve la mente abierta durante todo mi viaje por Europa. Pero mi corazón seguía comparando cada lugar con San Miguel de Allende, México. Finalmente, cómoda eligiendo dónde quería vivir, me tomó desprevenida descubrir tres días antes de salir de Europa, que la tasa de criminalidad de San Miguel había aumentado drásticamente desde que viví allí en 2018.

Sin saber qué hacer, lo comenté con unos amigos expatriados durante el almuerzo. Yo estaba viviendo en Playa Aguda, un pequeño pueblo de pescadores, a un corto viaje en tren de Oporto, Portugal. Fuimos a mi restaurante favorito con mesas justo en la playa donde puedes ver y escuchar las olas rompiéndose en el océano. Mi tipo de paraíso: sol brillante, una ligera brisa fresca, el olor del agua salada y estar descalza en la arena. Playa Aguda estaría de primera en mi lista si alguna vez me mudara a Portugal.

El breve consejo de mi amigo era exactamente lo que necesitaba escuchar.

—Tendrás unos seis meses antes de querer mudarte de Estados Unidos. Pueden pasar muchas cosas en San Miguel durante ese tiempo.

Respondí:

—Eso es cierto. Pero, ¿cómo voy a volver y empezar a vender todo si no estoy segura de a dónde me voy a mudar?

—Chloe, ya has decidido dejar los Estados Unidos. Te sugiero que confíes en el proceso. Vuelve a casa y deshazte de tus posesiones. Da un salto de fe y piensa que, o bien el índice de criminalidad de San Miguel bajará, o encontrarás otro lugar donde querrás vivir.

—Además, no es que necesites encontrar un lugar para siempre antes de que puedas dejar los Estados Unidos. Ya has tomado la gran decisión de que quieres vivir la vida de un expatriado. Solo tienes que elegir un lugar que sea el punto de partida para ti. La belleza de ser un expatriado es que el mundo entero es tu hogar: puedes vivir en cualquier parte.

Me tomé al pie de la letra el consejo de mi amigo, volví a casa y vendí la mayoría de mis posesiones. San Miguel seguía teniendo un alto nivel de delincuencia, así que esperé hasta un mes antes de salir de Estados Unidos para elegir la ciudad de Oaxaca como mi primera parada. Cuando llegué a México, no me apresuré a explorar Oaxaca. Disfruté de la experiencia relajándome y estando en el momento.

A principios de marzo hice un viaje a las playas de Oaxaca. Pocos días después de mi llegada, empecé a recibir mensajes de amigos que decían que el COVID-19 estaba causando graves estragos en varios países. Cada día, los mensajes eran más frecuentes y alarmantes. Investigué en Internet.

Sorprendida por lo mucho que había cambiado el mundo en cuestión de días, me di cuenta de que México sería el siguiente. Acorté mi viaje para regresar a la ciudad de Oaxaca y prepararme para una inevitable cuarentena. En mi último día en la playa de Zipolite, Canadá anunció que todos los canadienses debían regresar a su país. Durante todo el día, la gente consultaba frenéticamente las noticias en sus teléfonos móviles mientras trataban de decidir qué hacer. La fuerte corriente de fatalidad inminente impregnaba el aire como contraste con la belleza y la calidez de la relajante playa y el acogedor océano.

Todos nos pusimos caretas de valientes, pero una sensación de incertidumbre nos rodeaba. Ajenos a cómo afectaría nuestras vidas una cuarentena prolongada, sabíamos que debíamos disfrutar de todo el sol, la arena y el agua de ese día. Cuando llegó la hora de partir, una mujer se inclinó y me dio un dulce beso en la mejilla. No me di cuenta de que sería mi último beso en dos años.

Como la mayoría de la gente, me abastecí de provisiones cuando llegué a casa. Gran parte del mundo estaba en cuarentena. Una enorme capa de culpa me envolvió. Había tenido visiones de un desastre mundial desde 2010.

Cuando empecé a tener las visiones, experimenté un sentido de responsabilidad subyacente para prevenir el desastre o para estar preparada en caso de que ocurriera. Organicé un grupo de personas, entre las que había muchos sanadores. No sabíamos cuándo ocurriría, pero todos nos dimos cuenta de que las cosas estaban cambiando y que acabarían creando un gran caos.

En 2010, compré una cabaña en los 7.5 acres de las Montañas Humeantes de Carolina del Norte. La propiedad tenía muchos manantiales naturales y moras silvestres crecían por todas partes. Había espacio para albergar a mucha gente y mucha tierra para plantar alimentos para comer. Sería una casa segura si las cosas del mundo empezaban a desmoronarse. Mientras tanto, la arreglé para hacerla más habitable.

Si ocurría un desastre colosal, el plan era que nuestro grupo se trasladara a la cabaña. Cada uno tenía habilidades únicas que ofrecer, lo que nos ayudaría a mantener la propiedad y a nosotros mismos.

Después de siete años sin catástrofes mundiales, y de mi deseo de abandonar los Estados Unidos, vendí la cabaña. No tomé esta decisión a la ligera. Me llevó casi dos años estar segura de que debía dejarla ir.

Habiéndome enamorado de la propiedad, tardé otro año después de venderla en aceptar que ya no estaba en mi camino. Algunos de mis momentos más tranquilos fueron en la cabaña. Aprendí a enlatar alimentos y construí una bodega para almacenarlos. Mi propiedad llegaba hasta la cima de la montaña; era glorioso ir de excursión. Creé muchos recuerdos maravillosos en esa propiedad mágica.

También tenía una potente cualidad espiritual. Cuando estaba allí, podía sentir los espíritus. Durante la remodelación de la cabaña, mi contratista me envió fotos del progreso diario. Lo que me llamó inmediatamente la atención fueron los orbes que aparecían en las fotos. Los orbes pueden parecer bolas de luz en las fotos. Creo que los orbes son energía divina, probablemente guías espirituales, ángeles o seres queridos que han fallecido. Me pareció interesante que los orbes solo aparecieran en las fotos de ciertas áreas de la cabaña.

Un día, mi contratista me envió fotos del trabajo que habían hecho en el salón de la cabaña. ¡Las fotos estaban llenas de muchos orbes! Unos días después, recibí una llamada de la agente inmobiliaria que vendió la cabaña.

Me preguntó:

—¿Hay alguien alojado en la cabaña ahora mismo?

Le contesté:

—No. Todavía se está remodelando. ¿Por qué lo preguntas?

—Acabamos de pasar por allí y salía humo de la chimenea. Si no hay nadie, me temo que hay un incendio. Mi marido y yo llamaremos a los bomberos.

Más tarde, el agente me llamó con más detalles.

—Cuando llegó el primer camión de bomberos, no quisieron forzar la puerta para abrirla. Una cabaña de madera es como un polvorín, y sabíamos lo rápido que podía descontrolarse el fuego. Así que mi marido se encargó de romper la puerta para abrirla. Llegaron otros tres camiones de bomberos. Apagaron el fuego y estaban evaluando qué pudo haberlo causado.

Considero un milagro que la agente inmobiliaria "por casualidad" estuviera conduciendo por esa carretera rural exactamente en ese momento y se diera cuenta del humo que salía de la chimenea. Si no lo hubiera visto y no hubiera llamado a los bomberos cuando lo hizo, probablemente la cabaña habría ardido hasta los cimientos.

Esa noche saqué las fotos recientes del salón de la cabaña. Atónita, me di cuenta de que el número de orbes en las fotos se había multiplicado en la zona donde ardió el fuego. Al día siguiente les pedí a dos personas de nuestro grupo que vieran las fotos. Les hablé del incendio, pero no mencioné los orbes. Cuando les mostré las fotos con los orbes, se quedaron mirando.

Una mujer rompió el silencio.

—¿Alguien más ve que el número de orbes aumenta en estas fotos?

Exclamé:

—¡Sí! No quería decir nada hasta que ambos vieran las fotos. Se están multiplicando literalmente ahora mismo ante nuestros ojos.

Como algunos orbes ya aparecían en las fotos antes del incendio, concluimos que fueron los que hicieron que el agente inmobiliario viera el fuego y pidiera ayuda. Decidimos que los orbes continuaron multiplicándose para traer protección extra a la cabaña.

Otro acontecimiento espiritual interesante en la cabaña fue durante una terrible tormenta de nieve que duró varios días. Las carreteras estaban cerradas; yo no podía salir de la cabaña a causa de la nieve. Una mañana me levanté y vi huellas de pies en la nieve cerca de la cabaña. Lo significativo de las huellas era que empezaban y terminaban en medio del patio. ¿Cómo pudo una persona aterrizar y marcharse en medio del patio, sin que las huellas mostraran de dónde venía o a dónde iba?

Conservé la cabaña durante siete años. Todavía me hace sonreír cuando pienso en mis experiencias allí.

Preguntando al Espíritu sobre las visiones del futuro

No entendía por qué se me daban todas estas visiones si no podía evitar el desastre y las tragedias mundiales. Eran desgarradoras: tanta agitación, tragedia y sufrimiento.

Pregunté a mis Guías Espirituales:

—¿Por qué no pueden evitar que esto ocurra? ¿Por qué tiene que sufrir tanta gente?

—Estamos esperando a que más gente despierte. En su planeta, todos tienen libre albedrío. Aquellos que quieran una vida diferente tendrán que tomar esa decisión. No podemos tomar esa decisión por ellos.

Respondí:

—Entonces, ¿no impedirán que ocurra?

—No. Pero vendremos después para ayudar a sanar y reconstruir.

Mi corazón se destrozó.

El Espíritu me dio esas visiones diez años antes de la pandemia. Todavía estoy tratando de obtener claridad. Mis visiones siempre me mostraban reuniendo sanadores para ayudar a sanar y reconstruir después. Ninguna de las visiones me mostraba deteniendo el desastre.

Aun así, cuando quedó claro que el COVID-19 sería un problema a largo plazo, me atormentó la culpa. Mi mente giraba con preguntas y remordimientos.

Intenté dar más sentido a lo que estaba ocurriendo. Tuve diez años para detenerlo. Ahora estaba aquí. ¿Es esto de alguna manera mi culpa, ya que hace diez años sabía que algo así iba a suceder? A pesar de que mis Guías Espirituales me dijeron que no lo detendría, me sentí culpable por haber tenido toda esta advertencia, pero no haber evitado que sucediera.

Estoy de acuerdo con mis Guías Espirituales; este desastre es una gran llamada de atención. Sin embargo, no podía deshacerme del sentimiento de culpa por saber que iba a ocurrir y no haber sido capaz de detenerlo. Mi mente y mi corazón daban vueltas. Me sentía triste, confusa y molesta.

Como no lo había evitado, me pregunté si podía hacer algo ahora que la pandemia había llegado. En primer lugar, reuní a los sanadores a través de Zoom. Después de la primera sesión, el Espíritu me dijo que esa no era la dirección que debía tomar. Así que intensifiqué mi práctica espiritual y esperé a que mis guías espirituales me dirigieran. Mientras tanto, aumenté mi meditación y mis oraciones escuchando música sagrada, y permaneciendo más conectada a la tierra y el presente.

En abril de 2020, tuve una sesión a distancia con una chamana local en Oaxaca. Me dijo que, aunque ella y sus colegas chamanes no habían visto visiones anteriores como yo, todos sabían que estaba ocurriendo mucho más que la pandemia. Me animó a aceptar que era demasiado tarde para hacer algo; dijo que todo estaba ya en marcha. No sería la primera vez que nuestro mundo fallara, ni tampoco la última.

Todavía luchando, tuve otra sesión con ella en mayo de 2020. Vi a miles de personas que habían muerto de COVID-19 confundidas e incapaces de abandonar el reino terrenal. Sollozando, le dije a la chamana que teníamos que ayudar a estas almas a ir a la luz. Dirigí una ceremonia espontánea para liberarlas.

La pandemia ha sido una gran lección de paciencia para mí. Esperar las indicaciones de mis Guías Espirituales, sobrevivir a un encierro extremo en una ciudad y un país nuevos donde conocía a muy poca gente, y ser amable conmigo misma mientras buscaba respuestas. Ha sido un reto.

Capítulo 16

La Noche Oscura del Alma

————————— ᕰᕮᕭ —————————

Permanecí en estricto encierro en la ciudad de Oaxaca durante setenta y cinco días. Mi casera y su familia revisaban cómo estaba frecuentemente e incluso me compraron flores y un regalo en mi cumpleaños, que cayó en el Día de las Madres. Varias tiendas de productos orgánicos, granjas y restaurantes ofrecían entregas. También encontré a alguien que se encargaba de las compras y los recados por mí. Las únicas veces que salía de mi pequeño apartamento era para encontrarme con los repartidores o para pasar un rato en la terraza de la azotea.

El aislamiento se volvió abrumador. En Oaxaca hacía mucho calor, lo que afectaba la cantidad de tiempo que pasaba en la azotea. Había alquilado un pequeño apartamento antes de que el Covid-19 llegara a México; no parecía tan importante porque pensaba que estaría afuera la mayor parte del tiempo explorando la zona. Después de un tiempo, estar confinada en un pequeño apartamento durante una cuarentena extrema se sentía asfixiante. Solo había tres habitaciones: el dormitorio, el baño y la zona abierta de salón, comedor y cocina.

Seguía lidiando con la confusión de por qué el Espíritu me dio todas las visiones diez años antes de la pandemia. Me trajo recuerdos que había estado experimentando durante doce años, sobre la antigua vida egipcia. Habían enviado a mi grupo desde la dimensión de los Sabios a Egipto para sanar al mundo con la poderosa sanación Yin Yang. Aquella vez fracasamos; unos pocos traidores de nuestro grupo ayudaron a los egipcios a matarnos a casi todos.

Me pregunté si se me estaba dando otra oportunidad para salvar al mundo. ¿Por qué había recordado tanto de aquella vida de los antiguos egipcios? ¿Por qué había conocido a tantas personas que estaban en Egipto conmigo? ¿Mis visiones sobre una catástrofe mundial próxima estaban relacionadas con mi experiencia en el antiguo Egipto?

No podía evitar tener la sensación de que Espíritu quería que ayudara a sanar al mundo.

En esa antigua vida egipcia, todos sabíamos cómo hacer la sanación Yin Yang. Creo que esa capacidad sigue ahí, pero ninguno de nosotros recuerda cómo hacerlo. Egipto fue una experiencia muy traumática; creo que todos la bloqueamos de nuestra memoria.

Cuando empecé a tener los recuerdos del antiguo Egipto, tomé la decisión consciente de no recordar cómo hacer la sanación Yin Yang. Aunque tenía curiosidad y estaba intrigada, no quería tener otra experiencia como la que tuvimos en Egipto. Confío en que, si los Sabios quieren que la utilice, se comunicarán conmigo. Dado que la sanación Yin Yang es la más poderosa que existe, y una de las principales razones por las que nos mataron a todos, espero que simplemente dirijan mi cuerpo en cuanto a qué hacer si alguna vez quieren que la utilice de nuevo.

Mientras vivía en Ecuador, una sanadora y yo intercambiamos sesiones de sanación. Ella no recordaba haber vivido en Egipto, pero tenía recuerdos de haber vivido en otros planetas donde yo había vivido. En nuestras conversaciones previas, mencioné a los Sabios y la sanación Yin Yang porque pensé que podía confiar en ella. Cuando estaba realizando su sanación, ella me pedía que les preguntara a los Sabios cómo hacer la sanación Yin Yang.

Le dije:

—Los Sabios revelarán los detalles de la sanación Yin Yang cuando sea el momento. Es su decisión, no la mía.

Ella insistía en su deseo de aprender a realizar la sanación Yin Yang, y en un momento dado me pasó por alto y preguntó a los Sabios ella misma. Ellos ignoraron sus preguntas y yo terminé nuestra sesión.

Para mí, fue una gran señal de alarma que se mostrara tan insistente en su intento de aprender a hacer la sanación Yin Yang. Ella no estaba en el antiguo Egipto, ni era de la dimensión de los Sabios. Soy protectora y respetuosa con los Sabios. Si la sanación Yin Yang cayera en las manos equivocadas, podría ser catastrófico. Los egipcios nos asesinaron por nuestros conocimientos y habilidades. Ni yo ni los líderes de los Sabios queremos que se repita lo que ocurrió en Egipto.

Después de haber pasado setenta y cinco días en una cuarentena extrema, acepté que el Covid no se acabaría pronto. Estaba sumida en una prolongada noche oscura del alma, una época en la que una persona pasa por duras lecciones y transiciones.

Antes de salir de Estados Unidos, había llamado a Bob, mi sanador psíquico. Mi veterinario me dijo que había llegado el momento de sacrificar a mi perro, y quería que él comprobara si había alguna otra opción.

—Lo siento, Chloe. Ha llegado el momento. Tu perro me dice que se siente miserable, confundido y asustado todo el tiempo. Entiendo lo difícil que es esto, pero sería cruel dejar que tu perro siga luchando.

Feliz de tener claridad sobre mi perro, me sorprendió cuando Bob reveló lo siguiente que sus guías querían que supiera.

—Entonces, Chloe, ¿qué estás haciendo estos días?

—Me estoy mudando a México.

Se quedó en silencio. Luego dijo que tenía algo importante que decirme.

—No quiero alarmarte, pero los guías me dicen que pronto aparecerá un punto de salida.

—¿Qué es un punto de salida? —pregunté.

—Es un momento en el que podrías dejar este mundo.

—¿Me iré permanentemente? ¿Te refieres a la muerte?

—Sí, la muerte. Pero no es algo definitivo. Siempre hay circunstancias que podrían cambiar el resultado. Por ahora, quieren que seas consciente de que es una posibilidad. No es el momento de arriesgarse ni de hacer nada imprudente.

Ahora me pregunto, ¿la salida que mencionó Bob está relacionada con el Covid? Si es así, ¿es mejor que me quede en

México o que regrese a los Estados Unidos? Necesitaba tener otra sesión con Bob.

Me dijo:

—Bueno, esto es interesante. Los guías dicen que el punto de salida ya no se producirá. Te recomiendan que te quedes en México.

Pregunté:

—¿Es común que una salida cambie de rumbo antes de que ocurra?

Bob respondió:

—No estoy seguro de la frecuencia con la que ocurre. Pero estoy recibiendo un mensaje obvio de que tienes que quedarte en México.

Debido a mis problemas de aislamiento en mi pequeño apartamento, Bob me sugirió que buscara un lugar más grande para vivir durante la pandemia. También me recomendó que considerara la posibilidad de tener otro perro.

No había planeado tener un perro tan pronto; mi perro había fallecido hace solo seis meses. Unos tres días después de mi sesión con Bob, apareció una preciosa foto de un mini caniche francés en Facebook. El destino quiso que Zooey se convirtiera en parte de mi familia, sustituyendo mi sensación de aislamiento con su constante y cariñosa compañía.

Al igual que mi otro perro, Zooey es una compañera del alma. Puede ver espíritus. Soy consciente de su energía y me comunico telepáticamente con ellos. Zooey y yo formamos un excelente equipo para los espíritus atrapados en el limbo o que quieren darle un mensaje a los seres queridos que aún están aquí en la tierra. Ella suele ser la primera en hacerme saber que un espíritu necesita ayuda.

Debido al calor en Oaxaca, busqué un lugar en otra ciudad. Reduje mis opciones a San Cristóbal de las Casas, Chiapas, o Pátzcuaro, Michoacán. Ambas son ciudades montañosas en México. Hablando con Eduardo, que ha vivido en México toda su vida, me sugirió que sería más feliz en Pátzcuaro. Como nunca había estado allí, ni en San Cristóbal, acepté su sugerencia. En menos de dos semanas, encontré un lugar para vivir en Pátzcuaro; contraté un conductor y emprendimos el viaje de once horas hasta mi nuevo hogar.

Eduardo tenía razón: Pátzcuaro es una buena opción para mí. Es una pequeña y encantadora ciudad montañosa mexicana. Puedo ir caminando a casi cualquier sitio, y hay mucha naturaleza. Contenta de tener un buen lugar para sobrellevar la pandemia, me sorprendió cuántas cosas espirituales comenzaron a abrirse para mí una vez que comencé a vivir en Pátzcuaro. El Espíritu había creado circunstancias que me harían querer dejar Oaxaca y vivir en Pátzcuaro. Justo cuando pensé que mi vida se establecería en una rutina normal en Pátzcuaro, comencé a tener nuevas visiones y mensajes del Espíritu.

Capítulo 17

Otoño de 2020: Principales Transformaciones Espirituales y Personales

—————— ༄ ——————

Pátzcuaro, una pequeña ciudad montañosa de quinientos años de antigüedad en el centro de México, es uno de los destinos de Pueblos Mágicos de México. Las ciudades de Pueblos Mágicos han conservado la arquitectura, la historia, las tradiciones y la cultura originales de su zona. Con sus calles empedradas, esta encantadora ciudad tiene un clima templado durante todo el año y una gran cantidad de naturaleza para disfrutar. El nombre de Pátzcuaro significa "Puerta del Cielo". Además de la sensación celestial de vivir en las nubes a una altura de 7.200 pies, también creían que los dioses ascendían y descendían aquí.

Mi vecina de arriba, al darse cuenta de lo difícil que era mudarse en México a un nuevo lugar en medio de una pandemia, me tendió la mano. Me enseñó mi nueva ciudad y me presentó a sus amigos. Caminamos por todas partes. Me encantó descubrir los mejores puestos de productos agrícolas, restaurantes con comida al aire libre, rutas de senderismo, tiendas y mercados. Como agradecimiento, la invité a comer al aire libre en el patio. Hice sopa de pulpo. Al día siguiente, me levanté enferma, como si me hubiera intoxicado. Me sorprendió que mi vecina estuviera bien.

Estuve enferma durante veinticuatro horas. Luego desapareció. Después, tuve una sesión chamánica con Eduardo para saber más sobre el motivo de mi enfermedad.

—Chloe, dime qué has puesto en la sopa.

—Solo pulpo, caldo y algunas verduras.

—¿Y tu vecina que comió lo mismo que tú, no enfermó?

—No. ¿Es raro?

—A veces, no todo el mundo se enferma por la misma comida. Los guías me dicen que el pulpo te hizo enfermar para llamar tu atención. El pulpo y los espíritus del agua están trabajando contigo para mejorar y profundizar tus habilidades espirituales. Es un honor contar con su apoyo.

En mi vida han sucedido muchas cosas inusuales; he aprendido a permanecer abierta y a seguir la corriente. Eduardo y yo tenemos una profunda conexión. Confío en él y en sus guías. El espíritu llama su atención con el medio que mejor le convenga. Para mí, muchas veces, eso significa afectarme físicamente.

Los espíritus del agua tienen fuertes poderes sobrenaturales. Les encanta ayudar en la sanación, el trabajo con los sueños, la intuición, el aumento de la consciencia y las habilidades psíquicas, y la transformación.

Eduardo continuó:

—Estás comenzando una gran transformación. Todo en tu vida va a cambiar; nada será igual.

Respondí:

—¡Qué momento tan interesante! He estado contemplando la posibilidad de escribir un libro sobre mi viaje espiritual de sanación y despertar. Sin embargo, estoy un poco nerviosa por revelar todo. Dado que mi vida ha sido tan lejana, una parte de mí quiere protegerse escribiendo el libro como ficción. No estoy segura de estar preparada para revelar todo lo que me ha sucedido en mi viaje como una historia real. Una cosa es hablar contigo y otra muy distinta es compartirlo públicamente para que lo vea y lo lea mucha gente.

—Chloe, es hora de compartir tu verdad con el mundo. Entiendo tu preocupación por contarlo de una manera tan grande. Tu historia es poderosa. Deja de lado cualquier miedo. La gente necesita escucharla. No es una coincidencia que estés escribiendo este libro justo cuando empieza esta nueva transformación. Confía en que estás siendo apoyada y protegida por el mundo espiritual.

El hecho de que los espíritus del agua me guíen y protejan alegra mi corazón y alma. Cuando Eduardo me dijo que era un honor contar con la ayuda de los espíritus del agua, me aseguró que no iba a escribir este libro sola. Las preocupaciones y las inquietudes que desaparecen de mi cuerpo y de mi mente me aportan una nueva sensación de paz.

Honrando a los espíritus del agua

Cuando ocurre algo extraordinario, me gusta marcarlo con un recuerdo visual. En Pátzcuaro encontré a un vendedor ambulante que vendía hermosas esculturas primitivas de madera. La sirena y el tritón fueron la forma perfecta de marcar mis encuentros con los espíritus del agua. Como me gustan mucho los ángeles, también compré una escultura de un ángel volador y otras esculturas de ángeles. Este recordatorio visual constante de que los espíritus del agua me están ayudando es reconfortante.

Empecé a aceptar la idea de escribir mi libro como unas memorias. Después de todo, el mundo necesita mucha ayuda ahora mismo. Las catástrofes del cambio climático, una pandemia mundial, el racismo, la crueldad con los demás, la intolerancia, la interferencia con los derechos de las personas, los grandes disturbios sociales y las estructuras políticas que se tambalean al borde del colapso—me di cuenta de que me enfrentaba a un momento de "si no es ahora, entonces cuándo". Era el momento de enfrentarme a mi miedo y seguir adelante con la tarea de contarle al mundo lo que sé.

Las palabras empezaron a fluir de mí con facilidad, lo que tomé como una confirmación de que estaba en el camino correcto. Cada vez que me preocupa lo que la gente pensaría de mí después de leer este libro, recuerdo que estoy en una misión espiritual. Mi objetivo inmediato es confiar en el Espíritu y seguir escribiendo el libro. Se trata de honrar mi guía y mi viaje.

El Espíritu siempre nos ofrece lecciones. Si ignoramos las lecciones, siguen regresando. Es mucho más fácil mirar las lecciones y lidiar con ellas en lugar de pretender que no existen. A veces, si no estoy segura de lo que una lección está tratando de enseñarme, me siento con ella hasta que tengo más claridad. Es útil apoyarse en los sentimientos que surgen en torno a la lección.

—¿He experimentado estos sentimientos antes?

—¿Qué tengo miedo de ver o decir?

—¿Qué quieren que note?

—¿Qué relación tiene esto con mi pasado?

—¿Qué quieren que haga?

A veces recibes respuestas rápidamente. Otras veces, el Espíritu puede revelarte con el tiempo cuál es la esencia de una lección concreta para ti. O puede que consigas que alguien te ayude a procesar la lección. Todo está en el tiempo divino. El Espíritu decidirá cuándo estés listo para recibir más información o una nueva lección.

Mientras escribía mi libro, seguía recibiendo señales Espíritu indicándome que necesitaba una lectura psíquica. Una señal del mundo espiritual es una forma suave de llamar tu atención. Puede parecerte que solo estás pensando en algo. Con la práctica, puedes distinguir entre tus pensamientos y los mensajes espirituales. Para mí, cuando las señales persisten, me doy cuenta de que es un mensaje del Espíritu, especialmente si el mensaje es inesperado.

Las señales persistieron, pero las ignoré durante unas semanas, ya que nada me preocupaba. Después de casi convencerme de que no necesitaba conectarme con un psíquico, una amiga de Oaxaca me llamó, delirando sobre una lectura psíquica que tuvo de una mujer que viajaba por México.

Le dije:

—Después de empezar a escribir este libro, sentí que necesitaba tener una lectura psíquica. Justo esta semana, pensé que tal vez había imaginado que el Espíritu quería que me conectara con una vidente. Ahora, aquí estás de la nada, hablándome de esta vidente.

—Es fantástica, la mejor lectura psíquica que he experimentado.

Así que cambié de rumbo y dejé de intentar convencerme de que no necesitaba una lectura psíquica.

La vidente era una mujer asiática que estaba de viaje en México. Hicimos una sesión a distancia. Me explicó que estaría en estado de trance. Después, yo podría hacerle preguntas.

Rápidamente entró en estado de trance y comenzó la sesión. La información fluyó a través de ella con facilidad.

¡Qué lectura tan interesante e informativa! Varias cosas fueron extraordinarias. Ella vio el pulpo y la energía de la sirena y el tritón casi inmediatamente. Eso me llamó la atención; solo los había tenido durante un par de semanas. Muchas de las cosas que me dijo ya las sabía, pero fue agradable recibir una confirmación.

Lo más destacado de la lectura psíquica - cosas que ya sabía

• Mucha información llega a mi chakra de la coronilla, el punto de energía situado sobre la cabeza que conecta con lo divino.

- Soy altamente psíquica y puedo ver y experimentar fácilmente cosas más allá de los reinos ordinarios de la consciencia.

- Mi chakra sacro, el centro de energía situado más o menos a medio camino por debajo del ombligo, está lleno de ideas creativas; todas ellas están listas para salir. El chakra sacro también trabaja con el bienestar emocional, la autoexpresión, la sensibilidad y la sexualidad.

- Hago viajes astrales fácilmente a otras dimensiones y planetas.

- Como metamorfa, puedo ser quien quiera ser. La leyenda dice que los metamorfos pueden cambiar su apariencia física a voluntad. En esta vida, no me he convertido en otro ser; sin embargo, a veces, la gente me dice que mi cara cambia de forma. También puedo ver cómo cambian de forma los rostros de otras personas. Es bastante sorprendente estar hablando con alguien y observar cómo su rostro se transforma en las caras que tuvo en otras vidas.

- El psíquico se dio cuenta de mis dudas y mi miedo de escribir este libro. Ya no puedo esconder mi auténtico ser sagrado.

- Estoy trabajando con todo el planeta, no solo con sesiones individuales con personas.

Me sorprendió cuando me dijo que mi frecuencia de sanación se sale de lo normal. La vidente dijo que es tan poderosa que es difícil de describir.

Lo que me dijo a continuación fue algo que altera la mente. Vio una entidad oscura en mi vientre. Dijo que la entidad parecía un escorpión o una araña y que estaba afectando a la energía de mi garganta y mi boca. Me mantiene usando un filtro en lugar de estar en mi verdad. Esta energía oscura me hace sentir que no soy vista, que no soy apreciada o comprendida.

—Esta entidad oscura está afectando tus dones y habilidades espirituales.

Como sanadora energética, sé que la energía oscura puede causar problemas físicos, mentales, emocionales y espirituales. Los problemas desaparecen una vez que se elimina la energía oscura. La vidente no estaba segura de cómo eliminar esta entidad oscura de mi vientre. Confié en mis Guías Espirituales y en que Eduardo me ayudaría.

Mientras hablaba, mis Guías Espirituales me dieron una señal de que fue Roberto, el chamán que conocí en Ecuador, quien colocó la entidad en mi vientre después de la masacre en el antiguo Egipto. Era su forma de protegerme para que no se repitiera lo ocurrido en Egipto.

Lo que la vidente me dijo a continuación fue aún más sorprendente.

—Tú eres responsable de la seguridad de este Universo. El Espíritu ancló la idea de estar a salvo dentro de ti.

¡Esa es una tremenda responsabilidad! Desde que empecé a recordar la antigua vida en Egipto, la idea de asumir la responsabilidad del mundo era una constante. Los líderes de los Sabios nos enviaron a sanar este planeta. Yo estaba a cargo de nuestro grupo, y la misión fracasó porque algunas personas de nuestro grupo nos traicionaron y ayudaron a matarnos.

Cuando empecé a tener visiones en 2010 sobre los muchos desastres mundiales que se avecinaban, traté de averiguar qué podía hacer para ayudar. Mi primer pensamiento diez años después, cuando vi que el mundo estaba en medio de una pandemia, fue: "¿Qué puedo hacer?" Siempre ha habido una consciencia subyacente y persistente de que, de alguna manera, debería poder hacer algo. Sin embargo, muchas veces, mi lado humano lo descartaba diciendo: "Solo eres una persona. ¿Qué puedes hacer?"

Aunque la idea de que yo acepte la responsabilidad de la seguridad de este universo es abrumadora, lo que la vidente vio y dijo me afirmó que he estado en el camino correcto. Durante los últimos doce años, mi camino sinuoso me ha llevado a este momento. Cada uno de ellos fue un paso, construyendo una escalera para salvar al mundo.

Sin embargo, la parte humana de mí se pregunta si podré levantarme y afrontar el reto. Menos mal que mi parte espiritual confía implícitamente en la Divinidad. Si me eligen para mantener el universo a salvo, confío en que me daré cuenta de lo que debo hacer cuando llegue el momento.

La vidente continuó con más revelaciones alucinantes.

—Puedes sanar al mundo. Sin embargo, podrías desaparecer porque se necesitaría mucho de ti para llevar a cabo esta tarea.

Esa fue una enorme revelación. La vidente no estaba hablando en términos abstractos. Se refería a que yo podía literalmente sanar al mundo entero por mí misma, lo que me pareció abrumador. Me llevó un tiempo digerirlo. Acepto que si Espíritu quiere que sane al mundo, mis Guías me dirán cómo y cuándo hacerlo.

Como ser espiritual, soy mucho más que mi cuerpo. Cuando muera, dejaré mi cuerpo atrás, pero mi alma continuará. Así que la posibilidad de desaparecer no me asusta.

Mi mente saltó a las mecánicas. ¿Cómo sería capaz de sanar al mundo por mí misma? ¿Poseo ya el conocimiento de cómo hacerlo?, ¿O solo me lo revelarán cuando llegue el momento de hacer algo?

De una cosa estaba segura: si pudiera salvar al mundo, lo haría sin dudarlo.

Como podría desaparecer, elegí a algunas personas en las que confiaba y les conté lo que podría pasar. Quería que alguien le explicara todo a mi hijo. Y, en caso de que desapareciera, quería que unas cuantas personas estuvieran al tanto de lo sucedido.

Una persona me preguntó:

—¿Cómo voy a estar segura de que te has ido por la sanación? ¿Y si te pasara algo malo?

—Fácil. Si notas que las cosas han cambiado en el mundo de buena manera, entonces mi sanación funcionó. Si nada ha cambiado, entonces tienes que enviar a alguien a buscarme.

Luego, medité sobre cómo y por qué Roberto puso la entidad en mi vientre. Una regresión de vidas pasadas anterior reveló que, durante la masacre del antiguo Egipto, Roberto no volvió a buscar a nuestro bebé ni a mí. Yo estaba muy dolida. Mis Guías Espirituales me dijeron que el hecho de que pusiera esta entidad dentro de mí era su forma de disculparse y de protegerme en vidas futuras.

Tuve una sesión chamánica con Eduardo para obtener más claridad.

—Vaya, Chloe. Tu energía es increíble. Es la más fuerte que he sentido de ti. Es muy fuerte, podrías conectarte espiritualmente con el mundo entero ahora mismo.

La vidente me dijo que podía sanar al mundo solo unos días antes de esta sesión con Eduardo. Me asombró que las primeras palabras que mencionó fueran que mi energía era lo suficientemente fuerte como para llegar al mundo entero.

El siguiente comentario de Eduardo fue aún más asombroso.

—Chloe, ahora mismo estás emitiendo energía de Buda. No, no solo energía. Eres Buda.

¡¿Qué?! ¿Eduardo está diciendo que soy Buda? ¿Quizás quería decir que en ese momento yo estaba encarnando a Buda?

Me pareció abrumador y un poco chocante escuchar a Eduardo decir que yo era Buda. En realidad, me resultaba difícil entenderlo. Me pregunté si estaba a la altura del reto de emanar a Buda en esta vida. Como la mayoría de las cosas espirituales muy inusuales que me han sucedido, me senté con ello y me entregué al Espíritu. Confío en que aceptaré y utilizaré mi Buda interior siempre que sea necesario.

Sin embargo, tenía preguntas. ¿Cómo puedo abrazar el poder de mi lado espiritual sin desequilibrarme? ¿Puedo mantener los pies en la tierra y la humildad?

¿Recuerdas cuando dije que puede ser un reto aceptar los mensajes espirituales? Que me dijeran que era Buda y que podía llegar espiritualmente a todo el mundo de una vez y sanar al planeta son los mensajes más impresionantes que he recibido.

Una parte de mí quería encogerse y decir que eso es imposible; debía ser algún tipo de error. Sin embargo, desde que empecé a recordar y a encontrarme con personas de esa antigua vida egipcia, he tenido la impresión subyacente de que me estaban preparando para algo grande.

En el pasado, he confiado más en mi energía masculina. En nuestra sociedad, solemos equiparar el poder con la masculinidad, la agresividad, la competitividad y la medición de nuestra valía a través de nuestros logros y éxitos materiales. Cuando aprovecho mi energía femenina, es más fácil abrazar mi poder sin desequilibrarme.

Pero me pareció un poco exagerado, incluso para mí. Eduardo no hace estos comentarios a la ligera. En mis tres años de sesiones con Eduardo, nunca me había dicho este tipo de cosas.

Le dije:

—Todo lo que estás diciendo me parece muy interesante. Una de las razones por las que quería hablar contigo es para comentar algunas cosas que me dijo un vidente la semana pasada.

Mi madre de noventa y siete años había muerto unos días antes de mi sesión con Eduardo. Cuando le hablé de la entidad que tenía en el vientre, me quedé anonadada al escuchar lo que me dijo.

—Tienes razón. Roberto lo puso ahí para protegerte. Tenía que permanecer allí hasta esta vida, hasta cuando tu madre falleciera. Dejó tu cuerpo en el momento en que tu madre dejó el suyo.

—No lo entiendo. ¿Cómo está conectada la muerte de mi madre con esta entidad?

—Tenía que quedarse para protegerte. Ahora estás a salvo para ser tú misma, con todos tus poderes, habilidades, sabiduría y conocimientos.

¡Vaya! No es de extrañar que a veces siga luchando por poseer y revelar mi poder. Esa entidad había estado dentro de mí durante miles de años. Permaneció allí como un recordatorio constante de que no era seguro ser mi auténtico ser espiritual. La entidad no abandonó mi cuerpo hasta mediados de octubre de 2020. Es lógico que se necesite tiempo para sacar esa respuesta condicionada de mi sistema.

Eduardo consultó con los guías sobre la profecía de la vidente de que yo sanaría el mundo.

—Tiene razón en ambos aspectos. Tienes la capacidad, y sí, para sanar al mundo, es posible que tengas que dar todo de ti. No te preocupes ahora por el cómo; solo sigue avanzando y escucha a tus guías. Ellos te revelarán todo en el momento adecuado. Ahora mismo, los Guías Espirituales quieren que sepas que el libro que estás escribiendo forma parte de la sanación del mundo.

Eduardo se quedó callado un momento.

Entonces dijo:

—Vaya, esto es interesante. Te están invitando a convertirte en una Abuela Espiritual, una tradición de mi linaje ancestral que honra a las sabias mujeres indígenas espirituales. Es un gran honor.

Para mí fue algo muy importante y completamente inesperado. Las Abuelas Espirituales son mujeres sabias indígenas, generalmente sanadoras, chamanes o curanderas, que han sido elegidas para compartir su sabiduría. Yo no soy indígena en esta vida, aunque he sido indígena en muchas otras vidas.

Muchos creen que el mundo de los espíritus eligió a ciertas personas "en un momento antes del tiempo" para que se reunieran y ayudaran a sanar al mundo. Cuando leí la profecía de que había llegado el momento de que las Abuelas Espirituales lo compartieran todo, incluso sus secretos más sagrados, tuvo sentido que se me llamara a compartir mi auténtica verdad en este momento.

Dudé en hablar sobre la invitación a convertirme en una Abuela Espiritual. Ahora me siento más cómoda aceptando todo. Como Eduardo y los Guías Espirituales siguen diciéndome que este libro forma parte de la sanación del mundo, sabía que tenía que poner todo en el libro.

Eduardo me dijo:

—Los guías me están dando instrucciones de iniciación para que las sigas si decides aceptar la invitación de convertirte en una Abuela Espiritual. Habrá dos ceremonias para que las realices: una semana antes del Día de los Muertos y otra después.

Para prepararme para mi iniciación, le pedí a alguien que viniera a hacer una limpieza de energía en mi apartamento, Luego hice las dos ceremonias en la naturaleza, como Eduardo me había indicado. Tal y como predijo, toda mi vida se transformó a lo grande.

Capítulo 18

El Trabajo Sagrado

―――――――――― ᘒᘓᘖ ――――――――――

Unos meses después de las ceremonias de iniciación para convertirme en Abuela Espiritual, me enteré de que mi casa estaba en venta. Al día siguiente, vi una hermosa casa colonial en alquiler. En México construyen las casas coloniales alrededor de un gran patio en el centro de la casa. Esta casa tiene seis puertas francesas que se abren hacia el patio. Además de gloriosas puestas de sol y vistas al lago desde la gran terraza de la azotea. Siempre quise vivir en una casa colonial. En menos de dos semanas, mi deseo se hizo realidad.

Después de instalarme en mi nueva casa, me di cuenta de que mi perro, Zooey, se sentaba adelante de la puerta del lavadero, mirando y ladrando. No se movía de ese lugar durante largos periodos de tiempo.

Unos días más tarde, mientras estaba sentada en el patio hablando por teléfono, me alteré. Qué experiencia más extraña: en cuestión de minutos, estaba tan alterada que tenía dificultades para caminar y hablar. En primer lugar, me di cuenta de que tenía dificultades para seguir la conversación telefónica. Entendía lo que decía mi amigo, pero me resultaba más difícil responder a cada minuto que pasaba. Me costaba que mi boca formara palabras. Todo parecía moverse en cámara lenta, pero los cambios en mi cuerpo se producían a rápida velocidad. Tenía la boca muy seca.

De forma similar a una experiencia "extra corporal" o de sueño lúcido, me observé en mi cuerpo, dándome cuenta de que estaba perdiendo mis capacidades físicas. Mi mente intentaba comprender lo que estaba ocurriendo.

Pensé:

—¡Vaya, esto es muy raro! No he tomado alcohol ni ninguna otra sustancia, sin embargo es como si estuviera drogada. Sé que no ha venido nadie que pueda haberme drogado. ¿Qué está pasando?

La intensidad y la velocidad de estar así de alterada me hicieron comprender que llegar a salvo a mi dormitorio era más importante que averiguar la razón por la que esto estaba ocurriendo. Tomé a Zooey.

Aunque solo eran las 6 de la tarde, no pude hacer nada. Me metí en la cama y me quedé tumbada durante horas en un potente viaje. No hubo alucinaciones. Solo sensaciones constantes y continuas de flotar, de estar en otra dimensión y de no estar en mi cuerpo.

Si nunca hubiera estado drogada, creo que esto me habría asustado. Sabía que tenía que relajarme y dejarme llevar.

Sin saber qué esperar, me pregunté si estaban descargando algo en mí. Las descargas espirituales de otras dimensiones traen nueva información y mensajes. A veces se puede entender el mensaje mientras se descarga. Otras veces, te lo revelarán más adelante. Después de recibir una descarga espiritual, puedes notar nuevas habilidades o percepciones.

Después de unas cuatro horas, pude irme a dormir. También me había sentido un poco mal desde que me mudé a esta casa. Temía que la esclerosis múltiple estuviera volviendo. Era el momento de reservar otra sesión con Eduardo. Él siempre empieza su sesión preguntando qué está pasando en la vida de uno.

—Hola, Chloe. ¿Cómo estás?

—Hola. Me preocupa que la esclerosis múltiple esté volviendo. Me he estado sintiendo mal, como lo que solía sentir cuando estaba activa.

Eduardo preguntó:

—¿Qué más está pasando?

Le conté sobre la experiencia de alteración y cómo Zooey había estado actuando en la puerta frente al lavadero.

Le dije:

—Creo que hay algunos espíritus atrapados en el lavadero.

Eduardo me pidió que le diera unos minutos para consultar con sus guías.

—Sí, hay tres espíritus atrapados allí. Le pidieron a tus Guías Espirituales que te trajeran a esta casa para que pudieras liberarlos. Te hicieron enfermar para llamar tu atención. Creo que uno de ellos puede ser el responsable de alterarte ese día.

—¿Así que tengo que ayudar a estos espíritus a abandonar el plano terrestre?

—Sí. Tus guías me están dando información específica sobre cómo ayudar a los espíritus atrapados. Primero, tienes que decirles que vas a ayudar. Pregúntales cuánto tiempo necesitan para prepararse para salir. Después, tendrás que hacer una ceremonia especial de liberación frente a la puerta del lavadero.

—De acuerdo. He ayudado a espíritus atrapados antes, así que me siento cómoda con este proceso.

Eduardo dijo:

—La otra razón por la que te han traído a esta casa es por tu trabajo espiritual. La casa servirá como ashram sagrado para que termines de escribir tu libro.

Eduardo continuó:

—Han construido la casa en un lugar sagrado. Te piden que hagas una ceremonia especial de doce días para honrarla. La gente que solía vivir en esta tierra siempre se rodeaba de colores vibrantes. Cada día, durante doce días, quiero que hagas mandalas de flores de colores brillantes y que los coloques en cada habitación durante veinticuatro horas. Harás doce mandalas de flores para colocar en cada zona de la casa. Guarda todas las flores de los mandalas de cada día. Al final de los doce días, esparcirás las flores por todo tu jardín y plantas.

Muchas prácticas espirituales utilizan los mandalas para ayudar a concentrarse, obtener conocimientos espirituales y profundizar en las experiencias de meditación y trance. La palabra mandala significa "círculo" en sánscrito. La mayoría de los mandalas incluyen patrones geométricos coloridos y simétricos.

Después de mi conversación con Eduardo, volví a estar sentada en mi patio, mientras mantenía una conversación telefónica. Al mismo tiempo, como la última experiencia, me alteré. El mismo escenario: tomé a mi perro y me dirigí a mi dormitorio. Al igual que la primera vez, permanecí extremadamente alterada durante horas.

Todavía no había hablado con los espíritus. Al día siguiente, visité el lavadero.

—Estoy aquí para ayudarte a liberate hacia la Luz. ¿Cuánto tiempo necesitan para estar listos para salir?

Respondieron:

—Podemos estar listos en tres días.

Yo respondí:

—Estupendo. Mientras tanto, quienquiera que me esté dando las experiencias alteradas tiene que parar. Si su intención era hacer un regalo, gracias. Pero, por favor, que quede claro, no lo vuelvan a hacer. No quiero estar tan alterada.

Los espíritus atrapados se fueron al tercer día después de hablar con ellos. Zooey ya no estaba obsesionada con el lavadero. La energía en mi casa se sentía más ligera.

Ahora era el momento de hacer los mandalas de flores. En mi floristería favorita tienen enormes ramos de colores brillantes por solo 2.50 dólares. Aprovechando mi energía artística, me encantó hacer los mandalas de flores con una hermosa combinación de flores amarillas, rosas, azules, lavanda, rojas y blancas. Una bandeja de cerámica hecha a mano y un cuenco de madera sostenían los mandalas. La energía cambiaba cada día. Una vez completados los doce días de mandalas frescos, utilicé la maraca, la pluma y la salvia para limpiar toda la propiedad.

Entonces volví a enfocarme de nuevo en la escritura de este libro. El patio se convirtió en uno de mis lugares favoritos para escribir. Mucho sol, sillas cómodas, una mesa, muchas plantas con flores y una hermosa fuente: un perfecto refugio para escritores.

Capítulo 19

La Conexión Entre los Millennials, la Generación Z, y Los Alfas

---❧❧❧---

No todos los mensajes espirituales son obvios cuando los recibes. A veces los Guías Espirituales ponen ideas en tu mente porque quieren que los analices. O tal vez no es el momento de que recibas el mensaje completo.

Considero que los millennials y las generaciones posteriores son una parte importante del mercado para este libro. Al no entender del todo por qué, siempre honro los mensajes de mis Guías Espirituales, así que los incluí. También encontré algunas estadísticas interesantes.

- Un número significativo de millennials busca chamanes (Refinery29. Sept. 2019).

- El 94% de los millennials gastará al menos 300 dólares al mes en autodesarrollo para mejorar su vida (Estadísticas de la industria de la automejora).

- Los millennials son ahora el segundo grupo de población más fuerte y más grande (Pew Research, 2019).

- Según un estudio de hábitos de lectura de 2021, los millennials leen más libros que cualquier otra generación, y los de la Generación Z aumentaron su lectura más que cualquier otro grupo durante la pandemia (BookBaby Blog, 11 de enero de 2022).

También me pareció interesante que la mayoría de los profesionales que contraté para criticar este libro fueran millennials. No era mi intención elegir solo a millennials; simplemente me parecieron los más adecuados. Algunos tenían conocimientos de espiritualidad mística; otros no tenían ninguno. Sin embargo, a todos ellos les encantó lo que leyeron.

Y lo que es más importante, la persona que me animó a escribir el libro es una millennial. Cada vez que le daba una razón para no escribirlo, ella contestaba con la razón por la que el mundo necesitaba que yo escribiera este libro. Me convenció de que lo hiciera sin expectativas ni preocupaciones sobre el resultado final, permitiendo que fuera una hermosa oportunidad para confiar en el universo.

Varios meses después, hablaba con mi hijo y le decía que no tenía claro por qué, pero que pensaba que los millennials y las generaciones posteriores serían una parte importante del público del libro.

—Mamá, a muchos de mis amigos y a mí nos están pasando cosas espirituales muy raras. Este libro nos ayudará a entender y a saber qué hacer. Tu disposición a ser tan honesta y revelar todo lo que has experimentado ayudará a otras personas que están teniendo experiencias similares.

Más adelante, esa misma noche, tuve una revelación reveladora.

Por supuesto, son un mercado importante para mi libro. Muchos millennials, la Generación Z y los Alfas, llegaron como Niños Estrella. El propósito de su alma es ayudar a cambiar y sanar al mundo. Mi libro puede guiar su continuo despertar espiritual y mostrarles cómo reconocer, aceptar y utilizar sus extraordinarias habilidades.

Muchos en el mundo metafísico creen que hay varios grupos de Niños Estrella ahora en la tierra. La mayoría comparten algunos atributos comunes. Son comunicadores empáticos y hábiles con una capacidad mejorada para leer la energía. Son almas viejas, que están aquí para cambiar y sanar el mundo. Muchos son polifacéticos y activos en las artes creativas. Aunque parezcan impacientes, esto se debe a su frustración por el hecho de que el mundo siga estancado en viejas percepciones y formas de hacer las cosas.

Desde pequeños, los Niños Estrella se preguntan cómo han llegado hasta aquí. No tardan en darse cuenta de lo diferentes que son de la mayoría de la población. Muchos pueden recordar vidas pasadas. Traen a la tierra recuerdos, conocimientos y sabiduría de otras vidas y dimensiones. Les encanta estar en la naturaleza. Los Índigos vinieron a desafiar las viejas costumbres para que los Cristales y los Arco Iris pudieran cumplir sus objetivos. No todos los nacidos en esta época son Niños Estrella. Los años sugeridos para el nacimiento de cada tipo de Niño Estrella son una guía. Puede haber cruces; algunos pueden tener varios rasgos de más de un grupo, otros pueden nacer en la cúspide con múltiples rasgos.

La mayoría de los Índigos nacieron entre 1970 y 1994. Son personas que hacen cambios. A veces, la presión y las expectativas que se imponen, porque son conscientes de que han venido a la tierra para hacer cambios, pueden crear problemas en sus relaciones con los demás. Sin entender por qué o cómo, son altamente psíquicos. Para un Índigo puede ser difícil cumplir con la autoridad y las reglas. No temen defender sus principios. Al igual que los otros Niños de las Estrellas, encarnan una sabiduría superior a su edad. Es posible que muchos Índigos vinieran a la tierra después de la Segunda Guerra Mundial y, posteriormente, desde los años 70 hasta los 90. Por lo tanto, si has nacido entre 1950 y 1994, es posible que seas un Índigo.

La mayoría de los Cristales nacieron entre 1995 y 2012. Suelen ser tranquilos, cariñosos y perdonadores. Algunos Cristales prefieren comunicarse telepáticamente o a través de la música. Muchos se encuentran en el espectro autista. Los Cristales se dejan guiar por su corazón; dirigen con amor y paz. Altamente empáticos e intuitivos, muchos Cristales son sanadores naturales y maestros espirituales. Son buenos creando milagros, tienen una vibración extremadamente alta y son como un sabio. Su objetivo es sanar al lado oscuro del mundo.

Los Arco Iris nacieron de 2012 y en adelante. Estos niños nacen diciendo la verdad con una energía masculina y femenina equilibrada. Son serenos y sabios, y normalmente es la primera vez que viven en la tierra. Los Arco Iris están aquí para sanar y realinear nuestro mundo y pueden tener una gran fuerza de voluntad para cumplir su misión. Dotados de clarividencia (percibir cosas más allá de los sentidos físicos), aceptan su lado espiritual y no les preocupa encajar con la población general. Cuando conozcas a un Arco Iris, te maravillará su sabiduría y sus dones. Son empáticos, algo extravagantes y pueden ser tímidos.

¿Necesitas un mentor espiritual?

Cuando naces con dones espirituales y sabiduría ancestral, puedes sentirte desconcertado. Yo no entendía por qué estaba con mi familia; eran tan diferentes a mí. Ya de pequeña era consciente de que no era igual que la mayoría de la gente. Cuando miras a tu alrededor y te preguntas dónde están las personas iguales a ti, porque no encuentras a nadie a tu nivel, puede ser solitario y confuso.

Ojalá alguien me hubiera guiado espiritualmente cuando era más joven. En cambio, tuve que descubrir la mayoría de las cosas por mi cuenta. Habría sido mucho más fácil con un mentor que iluminara la razón principal por la que estaba aquí.

Así que, mis queridos compañeros Estrella, estoy aquí para guiarlos en su despertar, su propósito espiritual y su misión de realinear y sanar al mundo. El mundo espiritual es un lugar magnífico y milagroso que ofrece respuestas y soluciones para hacer de nuestro mundo un lugar mejor. Mi objetivo es guiar a tantas personas como sea posible para que despierten el poder del universo, ayuden a sanar al mundo y encuentren y acepten el camino y el propósito divino de su alma.

¿Recuerdas cuando los estudiantes de la escuela secundaria Marjory Stoneman Douglas en Parkland, Florida, hablaron sobre el trágico tiroteo en su escuela? Muchos los acusaron de ser actores porque pensaban que era imposible que los jóvenes fueran tan elocuentes. Sospecho que muchos de ellos son Niños

Estrella. Mientras los escuchaba, era la primera vez en mucho tiempo que sentía esperanza por el futuro de nuestro mundo. Fue muy frustrante ver cómo los adultos atacaban e intentaban desacreditar a estos niños. Estoy segura de que fue difícil para los estudiantes mantener su impulso mientras eran bombardeados con tanta energía negativa.

También sospecho que Greta Thunberg, nacida en 2003, es una Cristal. Empezó a realizar grandes protestas contra el cambio climático cuando tenía quince años. A estos jóvenes no les importa lo que los demás piensen de ellos. Se sienten cómodos diciendo lo que piensan. La gente Estrella tiene el conocimiento interno de que están llamados a actuar, a guiar a nuestro mundo en una nueva dirección.

Nuestro mundo necesita más almas valientes que se levanten, hablen y hagan el trabajo de campo para lograr cambios duraderos. Estamos en un punto de inflexión. ¿Vamos a levantarnos, a despertar y a empoderar a otros? El mundo espiritual ha intentado llamar nuestra atención. Si un número suficiente de personas no despierta, el mundo tal y como lo conocemos, se acabará. ¿De qué lado de la historia quieres estar?

Capítulo 20

Cómo Encontrar tu Voz Intuitiva

~ ᘒᘓᖆ ~

El diccionario define la *intuición* como: "el conocimiento procedente de la capacidad de comprender o saber algo basándose en los sentimientos y no en los hechos". Para los que dirigen con la cabeza y no aceptan nada a menos que lo respalden con lógica y pruebas científicas, es difícil rendirse a sus pensamientos intuitivos.

A pesar de ser abierta, y de no estar estancada en la necesidad de la lógica y las pruebas científicas, pasé años afirmando que mis pensamientos intuitivos eran solo una serie de coincidencias. A principios de mis cincuenta años, identifiqué patrones y respuestas sobre por qué y cuándo experimentaba problemas. ¿Adivina qué? Cada vez que mi voz interior me advertía de algo y yo no hacía caso a la advertencia, ocurrían cosas malas. Me impactó tanto esta revelación que me hice mi primer tatuaje, el símbolo chino de "Confía en la verdad". El tatuador me lo puso en la barriga para tener un recordatorio visual de que debía confiar en mi intuición.

"Estos pensamientos surgieron de la nada. ¿Cómo pueden ser correctos?"

Sé un observador diligente. ¿Cómo se siente tu cuerpo cuando recibes un mensaje intuitivo? ¿Qué dice tu corazón? Inspira los pensamientos intuitivos y exhala tus dudas. Al principio, no te preocupes por si tienen razón. Es el momento de dar pequeños pasos. Decide que estás abierto a recibir más mensajes.

Tal vez solo esté soñando despierto. ¿Cómo puedo confiar en algo que parece tan aleatorio?

Ganar una confianza sólida en tu intuición lleva tiempo. No puedes forzarla. Cuando estés preparado para dar el siguiente paso, empieza a llevar un diario con tus pensamientos intuitivos más significativos. Vuelve a leer las notas de tu diario para identificar si alguno de tus mensajes intuitivos se hace realidad.

¿Cómo puedo entender mejor lo que mi intuición está tratando de decirme?

Esto requiere de práctica. Los mensajes indirectos pueden ser difíciles de reconocer. A veces, si se me escapa un mensaje, este sigue apareciendo hasta que puedo interpretarlo correctamente. Hace poco tuve una experiencia en la que me resistí a lo que mi intuición intentaba decirme. Me reuní con un nuevo amigo varias veces. Las dos veces me sentí mal al día siguiente, como solía sentirme cuando tenía esclerosis múltiple. Como quería que esta amistad en ciernes continuara, ignoré mi intuición y decidí que era solo una coincidencia. Sin embargo, me prometí a mí misma que si ocurría después de la tercera vez, ya no podría fingir que era solo una coincidencia.

Volví a enfermar al día siguiente de estar juntos. Las tres veces fueron iguales. Me sentía enferma de esclerosis múltiple durante todo el día siguiente, y a la mañana siguiente me despertaba bien. Cuando acepté mi intuición sobre esta situación, lo que me sorprendió fue la conexión con la esclerosis múltiple. Muchos de mis remedios alternativos para deshacerme de la esclerosis múltiple me mostraron que el Espíritu estaba utilizando la enfermedad como una poderosa forma de llamar mi atención.

¿Cómo puedo acceder a mi intuición?

Todos estamos rodeados de ayudantes espirituales. No interfieren ni intervienen a menos que sean conscientes de que quieres ayuda. Habla con ellos. Diles que los quieres en tu vida. En lugar de pedir ayuda a tus guías, empieza por agradecerles que estén contigo y que te ofrezcan su orientación. Hazles saber lo mucho que aprecias su ayuda.

Intento evitar pedir ayuda porque eso puede implicar que no estás seguro de recibirla. Prefiero decir: "Gracias por tu ayuda". Es una diferencia sutil pero importante. Así, en lugar de preguntarles a mis Guías Espirituales: "¿Puedes ayudarme a escribir este libro?" Digo: "Muchas gracias por ayudarme a escribir mi libro. Aprecio tu guía, tu perspicacia y tus suaves señales sobre lo que es importante incluir en el libro".

¿Es la intuición tan importante como otras habilidades espirituales?

Honrar y fomentar tu intuición abre la puerta a más herramientas espirituales. El despertar espiritual se construye a partir de cada paso que das. Cuanto más puedas y estés dispuesto a aceptar, más recibirás.

Es una maravillosa lección de manifestación. Cuando el Espíritu vea que estás intentando vivir una vida espiritual auténtica, recibirás más ayuda. Si me desvío un poco del camino y me empantano con la vida cotidiana, todo lo que tengo que hacer es volver a centrarme en mi vida espiritual, y los mensajes intuitivos me rodearán como un cálido abrazo.

¿Debo centrarme primero en perfeccionar mis habilidades intuitivas?

Para mí, la intuición ha sido una de las herramientas espirituales más fáciles de utilizar. En primer lugar, intenta liberarte de tus dudas. Conviértete en un recipiente abierto para recibir mensajes y orientación. Intenta resistirte a calificar tu intuición como una simple coincidencia. Si te resistes, intenta pensar en ello como un juego. Acércate a ella con curiosidad. "Mmm... quizás lo que no parecía tener sentido se me aclarará más adelante".

Recuerdo un semestre que viví en una residencia de estudiantes. Solo había un teléfono por planta. Mi dormitorio estaba justo al lado de la cabina telefónica. Las únicas veces que contesté, la llamada era siempre para mí. Me preguntaba si podía saber cuándo alguien me llamaba. Pero nunca se lo comenté a nadie porque me parecía demasiado "fuera de lugar" para admitirlo. Ahora me pasa todo el tiempo. Justo antes de que alguien me llame o envíe un mensaje de texto, recibo una visión de ellos en mi mente. Ha ocurrido tantas veces con mi hijo que él sabe que las primeras palabras que salen de mi boca son: "Estaba pensando en ti".

¿Cómo sé que mis pensamientos intuitivos provienen de la Divinidad?

Esa es una cuestión complicada. Solo porque puedas entender intelectualmente un concepto no significa que lo encarnes emocionalmente. Para mí, hubo un cambio mágico de mi cabeza a mi corazón, y ya no tuve dudas sobre mi intuición. Sí, todavía tengo momentos en los que me resisto a lo que mi intuición intenta decirme. La diferencia es que no dudo de mi intuición, sino que a veces me quedo en el pensamiento mágico, deseando que mi intuición no tenga razón.

Recientemente, tuve un poderoso recordatorio de lo que sucede cuando ignoras tu guía intuitiva. Hice un breve viaje por carretera y planeé estar fuera una semana. Empezó a llover la noche antes de irme, así que decidí que sería una buena idea sacar mis plantas y dejarlas en remojo. Recibí un mensaje intuitivo de que me resbalaría y me caería. Pensé que el peligro sería que me golpeara la cabeza con el cemento. Así que me dije que tendría mucho cuidado. Cuando volví a entrar en la casa, resbalé y me caí. Aliviada por no haberme golpeado la cabeza, estiré la mano para levantarme. Fue entonces cuando lo vi: mi dedo medio del pie se había torcido en una forma extraña y ya tenía moretones e hinchazón. Me estaba concentrando en no hacerme daño en la cabeza; y en cambio, me rompí el dedo.

Esperar la claridad de tu intuición puede requerir de mucha paciencia. Todo está en el tiempo divino, no en tu horario. Hice el viaje con el dedo del pie roto porque necesitaba averiguar si era el momento adecuado para mudarme a San Miguel de Allende. Durante los primeros cuatro días, me entusiasmaba la idea de mudarme. La cuarta noche, cuando iba a ver un apartamento en alquiler, me sorprendió recibir un mensaje intuitivo muy fuerte para no mudarme. Cuando pedí más claridad, me dijeron que podría mudarme allí más adelante, pero no ahora.

Una parte de mí, mi pensador mágico, quería fingir que no se trataba de una guía intuitiva. Ya había vivido en San Miguel de Allende y me encantaba; quería que esto funcionara. Y eso es una señal de alarma: cuando sigues intentando que algo funcione después de que te hayan guiado para que lo dejes. Esa fue una de las señales poderosas para mí; me di cuenta de que estaba tratando demasiado de hacer que esta mudanza funcionara. Entonces me acordé de mi dedo del pie roto, que podría haber evitado si hubiera hecho caso a mi guía intuitiva. Puede que no te guste lo que te dice tu intuición. Confía en ella de todos modos. Tu intuición siempre te dirige hacia tu bien mayor.

Cultiva tu intuición

Practica el uso de todos tus sentidos. Está abierto a todas las formas de comunicación. Una idea o mensaje intuitivo puede presentarse a través de varios canales. Muchas veces, cuando estoy hablando con la gente, algo que dicen me llama la atención. Hago una nota mental para recordarlo y meditar o rezar sobre ello. A veces recibo la claridad rápidamente; otras veces, pueden pasar semanas.

Mantente presente en tu entorno. He recibido mensajes intuitivos de la música, los libros, la televisión, las películas, los videos, la naturaleza, las redes sociales, los sueños, los animales, mi cuerpo... El Espíritu intentará lo que sea necesario para llamar tu atención. Haz lo posible por no descartar los mensajes como pensamientos aleatorios o solo tu imaginación.

La intuición es tu enlace con lo Divino. Permítete estar abierto a recibir. Confía en que cuanto más aceptes a la Divinidad, más se te será revelado.

Formas de aprovechar tu intuición

Medita

Al principio, no te obsesiones con el tipo de meditación que utilizas; lo importante es hacerlo con regularidad. Experimenta con diferentes meditaciones hasta que encuentres lo que resuene contigo. A veces, la meditación guiada es perfecta para mí. Otras veces, puedo escuchar música sagrada como el kirtan o los tambores chamánicos y dejar que la música me lleve en un viaje. Para la meditación caminando, lo mejor es estar en la naturaleza. La danza de estilo libre puede ser una maravillosa meditación de movimiento. Cantar o tocar un instrumento también son formas de entrar en un estado de meditación.

Ejercicio físico

A veces, en una clase de yoga, cuando entro en una meditación profunda, tardo un rato en volver a la sala. Otras buenas opciones son el tai chi (un ejercicio lento y elegante, creado como arte marcial de autodefensa y utilizado para la relajación, la reducción del estrés y otras condiciones de salud) y el qigong (serie de posturas y movimientos corporales, respiración y meditación, que mejoran la salud, la espiritualidad y la práctica de las artes marciales).

Sueños

Muchos de mis mensajes intuitivos llegan a través de los sueños. En el mundo de los sueños, tu mente consciente no anula tu subconsciente. Agradece a tus guías espirituales que te hablen a través de tus sueños. Para iniciar tu conexión con tus guías, dales algo específico con lo que te gustaría que te ayudaran antes de irte a dormir.

Recuerdo un sueño de visión que tuve a los veinte años. Era un sueño largo y detallado sobre mi novio engañándome con su antigua novia. Cuando me desperté, hice todo lo posible para convencerme de que era solo un sueño al azar. Imagínate mi sorpresa cuando descubrí que todo lo que vi en mi sueño era exactamente lo que ocurrió entre mi novio y su antigua novia.

Otro mensaje intuitivo de ese novio no estaba en un sueño, en cambio, llegó como un mensaje directo. Tan pronto como me desperté, tuve un poderoso mensaje con estas simples palabras: "Se acabó". Me pareció extraño. No habíamos peleado. La última vez que estuvimos juntos, todo estaba bien. Pero el mensaje era muy claro. Sabía que debía estar preparada para saber que se había acabado.

Utiliza herramientas que te ayuden a entrenar tu intuición

Yo prefiero utilizar la comunicación directa con mis Guías Espirituales. Pero muchos también utilizan otras herramientas para recibir y comprender los mensajes intuitivos. Cuando intentas encontrar tu voz intuitiva, puede ser útil utilizar herramientas adicionales, como cartas de oráculo o un péndulo. Primero, escucha y observa lo que tu intuición intenta decirte. Luego, puedes ponerte a prueba sacando una carta o moviendo el péndulo para comprobar si obtienes una respuesta similar.

Las cartas de oráculo proporcionan información y orientación. Puedes sacar una carta, quizás haciendo una pregunta como: "¿En qué tengo que centrarme hoy?" La mayoría de las guías de cartas de oráculo incluyen diferentes formas de tirar las cartas e interpretar los mensajes. A mí me gusta echar tres cartas, utilizando la primera para representar el pasado, la segunda para el presente y la tercera para el futuro. Cuando utilices las cartas de oráculo como guía para fortalecer tus habilidades intuitivas, primero medita sobre tus preguntas y desarrolla tus mensajes intuitivos antes de leer las cartas de oráculo.

En el caso de mis cartas de ángeles, no dependo de ellas para obtener una guía importante, pero a veces disfruto sacándolas. Las uso más como una afirmación para centrarme en las palabras de ese día.

También tengo una baraja de cartas de oráculo. Al igual que las cartas de los ángeles, no dependo de ellas, pero aprecio tener una visión de la energía que me rodea.

Para mí, el uso de herramientas adicionales es solo una pieza del rompecabezas. Mi objetivo es recibir los mensajes de mi Guía Espiritual directamente. Siempre que obtengo una lectura psíquica, quiero un lector que no utilice herramientas. Cuando hago mi trabajo de sanación con otras personas, siempre es directamente de la fuente; no dependo de otras herramientas para que me den respuestas.

Amplía tu mundo

Toma una ruta diferente para ir al trabajo, vete a un retiro, ten un día espontáneo sin planes, sal de tu zona de confort, prueba cosas nuevas, viaja. Esto puede ayudarte a salir del piloto automático y a escuchar mejor tu intuición. Mi hijo y yo teníamos un juego cuando era pequeño. Lo llamábamos "vamos a tomarnos un día de vacaciones". La regla era que teníamos que salir de casa temprano. La primera parada era ir a desayunar. Nos turnábamos para elegir qué actividad hacer a continuación. La otra regla era que no podíamos volver a casa hasta que fuera la hora de dormir. Era muy divertido cambiar nuestra rutina.

Ser consciente y estar presente

Si te mantienes en el momento, tu mente se tranquiliza y tienes más posibilidades de conectar con tu intuición.

Confía en tu imaginación

Cuando asistí a un taller para hacer lecturas psíquicas, una de las cosas más valiosas que aprendí fue a estar abierta a todo lo que ves y oyes durante una sesión. No pasa nada si crees que es solo tu imaginación. Siempre puedes volver a comprobarlo más tarde y averiguar si algo era correcto.

Participa en proyectos creativos

Aporta más creatividad a tu vida. Cuando te sumerges en un proyecto, es como meditar. Una vez que estás en la zona creativa, las cosas fluyen más libremente y estás más en sintonía con las percepciones y los mensajes.

Relájate

Date un largo baño en la bañera. Muchos de mis momentos reveladores me llegan cuando me doy un baño. Me gusta llenar la bañera con aceites esenciales, pétalos de rosa, sales de Epsom, sal marina y baño de burbujas orgánico.

Mensajes intuitivos

La intuición nos habla en muchos niveles. Es posible que tengas un destello de visión rápida. Otras veces, una visión más amplia es como ver una película. Las corazonadas o sensaciones viscerales son comunes. Muchos experimentan sensaciones físicas como la piel de gallina. Aparecen pequeñas lágrimas de alegría cuando estoy en presencia de la Divinidad, que me confirman que estoy en el camino correcto.

Cuando los seres me visitan en forma de espíritu, soy consciente de su energía. En primer lugar, soy consciente de que hay alguien ahí. Como puedo ver a los espíritus, miro alrededor de la habitación y me pregunto: "¿Quién está aquí?" Puede que tenga que repetir esa pregunta varias veces antes de tener claro quién está ahí conmigo. A veces no consigo ninguna claridad y confío en que no es el momento de que ese espíritu se me revele.

Utilizo el mismo proceso cuando hago una sesión de sanación energética. Antes de empezar, el cliente y yo establecemos nuestra intención y expresamos nuestra gratitud. Siempre explico que depende del Espíritu que una vida pasada salga a relucir en la sesión. Si me doy cuenta de que hemos entrado en una vida pasada, hago preguntas.

—¿Dónde estamos?

—¿Quién está aquí con nosotros?

—¿Qué necesitamos aprender sobre esta vida?

Mientras hago estas preguntas, escudriño con mi tercer ojo para reunir más información. En algún momento, todo se revela, como si estuviera viendo una película.

Te animo a que practiques tus habilidades intuitivas. Abren muchas puertas espirituales increíbles.

Capítulo 21

Creación de una Práctica Espiritual Regular

―⁓ᕙᕗ⁓―

A través de la prueba y el error, he encontrado lo que funciona bien para mí. Solo mantengo las prácticas con las que resueno y que me ayudan a mantener los pies en la tierra y a centrarme en mi espiritualidad. Mi objetivo es "predicar con el ejemplo" en lugar de adherirme a las opiniones y creencias de otras personas.

Mi día comienza con una oración mientras enciendo una vela y un incienso. Es una forma encantadora de recibir al día, de involucrar tus sentidos y de establecer tus intenciones.

La oración puede ser breve y sencilla:

—Gracias por este nuevo día.

Puedes añadir más palabras:

—Gracias por eliminar todo lo que me impide convertirme en mi auténtico ser espiritual, con todo mi conocimiento, sabiduría, poder y habilidades. Gracias por restaurar mi mente, mi cuerpo, mi espíritu y mi espacio a su funcionamiento óptimo, en todas las formas, en todas las dimensiones, en todos los tiempos y en todas las realidades.

O crea un oración para tratar lo que sea que esté sucediendo en tu vida. La cuestión es establecer el tono de tu día expresando tu gratitud. Crea una oración que refleje tus prioridades y tu propósito espiritual.

Me encanta reconocer otros tiempos, realidades y dimensiones en mis oraciones. Cuando le hables o reces al Espíritu, es mejor ser claro. Si solo estás pidiendo ayuda en tu vida actual, podrías dejar o traer energía negativa de otras dimensiones y vidas. Por ejemplo, cuando visualicé la esclerosis múltiple siendo eliminada, quería que se fuera en todas las formas, tiempos, realidades y dimensiones. No quiero que la esclerosis múltiple vuelva a aparecer en mi campo energético.

Música sacra

Determina qué sonidos llaman a tu alma. Mi música sacra favorita es el kirtan, los cuencos de cristal y la percusión. También me atraen las músicas del mundo, especialmente las de Oriente Medio y África. Haz algunas listas de reproducción de música que te conecte con tu espiritualidad. La música suena en mi casa desde primera hora de la mañana hasta la hora de acostarse. Es un recordatorio constante pero sutil para mi psique de que debo vivir mi vida como un ser espiritual.

Me gusta establecer el tono del día empezando con música kirtan o de cuencos de cristal. A medida que avanza el día, añado mucha música de percusión, especialmente cuando quiero aumentar mi energía. Hacia el final de la tarde cambio a algo más tranquilo, como Kora Chill, hang drum o música de chelo.

Meditación

Recomiendo la meditación diaria. Es fácil acceder a aplicaciones, videos y clases. Algunos tipos comunes de meditación:

- **Trabajo de respiración** – se centra en la respiración. Un método sencillo que puedes probar es el método de respiración 4-7-8 del Dr. Andrew Weil. Primero, vacía los pulmones. Luego, inhala lentamente por la nariz durante cuatro segundos. Durante los siguientes siete segundos, mantén la respiración inhalada. Durante los últimos ocho segundos, exhala por la boca. Puedes hacer esto hasta cuatro veces.

- **Concentración** – elige un elemento en el cual concentrarte mientras meditas. Las velas pueden atraer tanto los sentidos visuales como los olfativos. Concéntrate en ver solo la vela; fíjate en todos los pequeños detalles, como el parpadeo de la llama o cómo huele si has utilizado una vela perfumada.

- **Mantra** – repetición de una palabra o frase, en silencio o en voz alta.

- **Meditación trascendental (MT)** – presentada por Maharishi Mahesh Yogi, utiliza un mantra que se repite continuamente mientras se medita. Se sugiere hacer sesiones de quince a veinte minutos dos veces al día.

- **Meditación de atención plena** – prestar el 100% de la atención a lo que se está haciendo. Concéntrate solo en el momento presente; no pienses en el pasado ni en el futuro. Puedes hacerlo en cualquier momento, o mientras realizas una actividad sencilla como lavar los platos.

- **Relajación muscular** – tensar y liberar los músculos de todo el cuerpo. Mi versión favorita de esto es el yoga nidra.

- **Atención física** – caminar, bailar, crear arte, cantar y hacer ejercicio son formas de incorporar la meditación a tu vida.

- **Meditación guiada** – puede ser una forma más fácil de acostumbrarse a meditar. Lo único que tienes que hacer es ponerte cómodo y concentrarte en lo que dice la persona que dirige la meditación.

- **Meditación zen** – proviene de la tradición budista Mahayana. En este proceso, tú eres el observador de tus pensamientos. Obsérvalos cuando surjan y luego déjalos ir.

Haz un altar

Criada como metodista, y más adelante, episcopaliana, me convertí al judaísmo de adulto. Me llevó un tiempo estar de acuerdo con tener un altar en mi casa. En la mayoría de las religiones organizadas, se veneran objetos colocados en un altar. Yo no quería adorar ni rezarle a objetos. En su lugar, utilizo mi altar como un recordatorio visual para vivir una vida espiritual. Ahora, incluso cuando viajo, llevo mini altares conmigo.

Empieza pensando en lo que es importante para ti espiritualmente. Esas son las cosas que quieres tener en tu altar.

La casa colonial que alquilé en México es grande y extendida, así que creé tres altares. El altar del salón tiene réplicas de mis animales espirituales: la libélula, el jaguar, la serpiente y el colibrí. También tiene una concha marina de Perú, varios cristales, plumas, salvia, corazones, una taza de cobre hecha a mano que utilizo en las ceremonias, una hermosa coctelera indígena y una concha marina que un amigo me trajo de la playa de Zihuatanejo. En el altar de la cocina, encontrarás más animales espirituales, corazones, velas, una maraca, y mis tarjetas de ángeles. En el dormitorio, hay recordatorios de curaciones espirituales, piedras y cristales poderosos, un mechón de pelo de mi perro del alma, Gordito, la huella de su pata, y más conchas marinas.

A menudo dejo lo que estoy haciendo para mirar el altar. O me acerco y sostengo un objeto en mi mano, respirando su energía. Me ayuda a ser consciente de lo importante, que es para mí, mi espiritualidad.

Trabaja tus sentidos

Además de encender el incienso por las mañanas, me gusta quemarlo a lo largo del día. También soy un gran aficionado a la aromaterapia con aceites esenciales y tengo dos difusores en mi casa. En todas las habitaciones de mi casa hay varios objetos espirituales. En el salón, donde paso gran parte de mi tiempo, tengo un ángel primitivo de madera que vuela colgado en una ventana. Los tapices budistas adornan las paredes del comedor y la cocina. En todas las habitaciones hay corazones o ángeles. Cuando necesito aumentar mi sentido del tacto, sostengo uno de mis objetos espirituales y visualizo su energía pulsando por todo mi cuerpo. Cuando hago una ceremonia o quiero conectar con mi sentido del gusto, preparo una bebida especial con cacao, maíz azul tostado, canela fresca, perejil molido y miel.

Haz un diario

A medida que avanzas en tu viaje de despertar espiritual, es útil escribir tus pensamientos, progresos, gratitudes, preguntas y experiencias. En primer lugar, escribir sobre ellos los saca de tu cabeza. Es una forma fácil de vaciar tu mente y volver al momento. Mirar tu diario te da una visión global de tu viaje. Es útil para revisar dónde has estado y hacia dónde vas. Puedes ver y reconocer tus progresos, tomar nota de dónde obtener ayuda adicional para un problema concreto o destacar algo que haya funcionado bien.

Busca orientación

Soy una gran creyente de que el despertar espiritual y la sanación son un esfuerzo de equipo. Mi intuición me permite saber cuándo necesito trabajar con alguien, leer un libro, tomar una clase, ver un vídeo o asistir a un seminario web. Al principio de mi viaje de despertar, hacía todo eso con mayor frecuencia que ahora. Todo era muy nuevo; quería sumergirme de lleno, rodearme de conocimiento, sabiduría y obtener nuevas habilidades.

Descubrirás que la sanación espiritual y el despertar están entrelazados. Cuando acudas a un sanador, es probable que la sesión también aborde cuestiones relacionadas con el despertar espiritual. O bien acudirás a alguien para que te guíe en el despertar, y te darás cuenta de que la sanación también ha ocurrido.

Después de que mi chamán mexicano, Eduardo, me dijera que iba a pasar por una gran transformación, los Guías Espirituales empezaron a hablarme a través de Eduardo durante nuestras sesiones. Un Guía Espiritual maya se presentó para asegurarse de que me mantuviera centrada en la escritura de este libro. Eduardo y los guías han comunicado que hay una urgencia en lanzar mi libro lo más rápido posible para ayudar a otros a entender cómo la espiritualidad está conectada con lo que está sucediendo en nuestro mundo.

Cuando tu energía se conecta profundamente con la energía de otra persona, es un regalo del Espíritu. Presta atención a esas relaciones. Yo conozco a Eduardo y confío que me dará los mensajes que necesito en el momento adecuado.

Lectura diaria

Me he comprometido a realizar lecturas diarias cada mañana. Los libros son espléndidos, pero no son muy prácticos cuando se viaja mucho. Aquí hay tres sitios en línea que uso regularmente para inspirarme y conectarme espiritualmente.

- **www.dailyom.com** - envía ensayos cortos inspiradores cinco días a la semana. También ofrecen unos estupendos cursos en línea.

- **www.tut.com** - envía mensajes espirituales edificantes y humorísticos los días de la semana. También ofrecen clases remotas y físicas, eventos y vídeos.

- **www.leeharrisenergy.com** - Lee es un guía energético intuitivo chamánico, profesor y músico; él canaliza a sus guías, Los Z. También ofrece clases, seminarios web, música y videos.

Consulta tu intuición sobre los temas espirituales que debes estudiar

A los veinte años leí sobre los chakras, que son puntos de energía en el cuerpo que ayudan a regular el sistema físico, emocional, mental y espiritual. Después de mudarme a Asheville, me atrajo la idea de aprender más sobre ellos. Primero hice un curso sencillo de siete semanas. Nos centramos en un chakra por clase. Antes de que terminara cada clase, discutíamos cómo se manifiesta ese chakra en nuestras vidas. Una mujer de la clase nunca hablaba. Por fin dijo algo sobre el quinto chakra, que está en la garganta y tiene que ver con la comunicación. Habló durante un buen rato. Fue fascinante verla y oírla hablar. Algo sobre ese chakra tocó una fibra sensible en ella, y las compuertas se abrieron. Me inspiró para empezar a escribir una obra sobre los chakras.

Luego, cuando empecé a hacer trabajos de sanación energética, los chakras se convirtieron en algo importante para mi trabajo. Tienen sentido para mí. Durante mis sesiones de sanación, siempre estoy procesando los chakras, limpiándolos, equilibrándolos y fortaleciéndolos para mis clientes.

Los chakras son una parte importante de mi vida. Por las mañanas, hago una breve meditación para saber de qué colores de chakra debo rodearme durante el día. Una vez que elijo mi ropa, me pregunto si necesito llevar más de un color concreto. Puede que necesite añadir un pañuelo, un bolso, un jersey o una joya en particular para ayudarme con las necesidades de mis chakras.

Si estoy un poco desorientada, compruebo qué chakra está desalineado o necesita más atención. Los chakras son como un plano para entenderse mejor a uno mismo. Para mí, proporcionan un mapa interno para sanarme a mí misma y a los demás.

Mi experiencia con los chakras es un gran ejemplo de cómo confiar en tu intuición. Cuando tomé la clase de los chakras, no sabía que me llevaría a escribir una obra de teatro o a convertirme en una sanadora energético para otros. Está bien no saberlo todo a una vez. Ábrete a nuevas experiencias y mira a dónde te llevan.

Comprométete con tu crecimiento espiritual

Promete que harás al menos una cosa para mejorar tu vida espiritual cada día. Los pequeños pasos están bien. Continúa añadiendo más a tu práctica diaria. Pronto se convertirá en una segunda naturaleza el mirar y vivir en el mundo con ojos espirituales.

Sé consciente de cómo y con quién gastas tu energía

- Limita el tiempo que pasas viendo o leyendo las noticias.

- Llena tu vida de actividades y personas positivas y edificantes.

- Si te sientes agotado, débil o enfermo después de pasar tiempo con ciertas personas, puede ser una buena idea limitar el tiempo que pasas con ellas.

Capítulo 22

Comprendiendo tu Despertar Espiritual

───────── ༈ ─────────

Un despertar espiritual puede ocurrir rápidamente o puede llevar años. Como me interesa la espiritualidad y la metafísica desde el instituto, me considero una buscadora. No tenía el objetivo de llegar a ser "espiritualmente despierta", en cambio, quería descubrir cómo otros crean vidas saludables y felices.

Recuerdo que me fascinó el libro *Siddhartha* cuando era adolescente. En 1922, Hermann Hesse escribió esta novela sobre el viaje de autodescubrimiento y transformación que experimenta un joven, Siddhartha. Abandona su vida acomodada para encontrar la iluminación espiritual.

Aunque no decidí buscar un despertar, el libro tuvo un profundo efecto en la ampliación de mis horizontes. La idea de tener un camino espiritual diferente a mi formación religiosa me atrajo. El libro plantó una hermosa semilla en mi mente sobre otros caminos que uno puede tomar para encontrar la realización espiritual.

Otra cosa que experimenté de adolescente y que me abrió los ojos a otras dimensiones fue un viaje con LSD que hice en San Francisco. Imagínate 1969, el verano del amor. Una joven hippie de espíritu libre de diecisiete años, con el pelo largo, probando un alucinógeno por primera vez.

Mi hermanastra, que vivía en Haight Ashbury, hizo que una amiga suya me acompañara para mantenerme a salvo. Después de tomarla, nos dirigimos al Parque Golden Gate. Siempre me gustó pasar tiempo allí. Con el LSD ampliando y realzando todo, el parque era glorioso. Visitamos todos mis lugares favoritos del Parque Golden Gate: el jardín de té japonés, los búfalos, los jardines botánicos, y nos tumbamos en la hierba para tomar el sol.

Al ver que había mucha actividad en el museo, nos acercamos. Al entrar en el edificio, vi que habían colocado una gran pared blanca de dos pisos como pantalla. A estas alturas, los efectos del LSD eran potentes.

Comenzó la proyección. ¡VAYA! Era una transmisión en directo de los astronautas estadounidenses caminando por la luna. No puedo describir la extraordinaria experiencia que supuso estar drogada con LSD en el Parque Golden Gate mientras veía la transmisión en directo de los hombres caminando en la luna. Fue una experiencia y un recuerdo increíbles. Fue un momento de asimilación de la inmensidad del Universo; la Tierra es solo una pequeña parte de él.

Luego, decidí ir al Instituto Esalen en Big Sur, California. Mi "chaperona" quería que tomáramos el autobús. Era una noche preciosa en la carretera costera Highway One. Yo dije:

—De ninguna manera. Es demasiado bonito para estar encerradas en un autobús. Pidamos un aventón.

Mi hermanastra había elegido a una de sus amigas más conservadoras para que me acompañara. No es el tipo de persona que le agrada la idea de pedir un aventón.

—Creo que deberíamos tomar el autobús. Será más seguro.

Le contesté:

—Puedes coger el autobús. Pero yo voy a pedir un aventón.

Como prometió mantenerme a salvo, me siguió a regañadientes hasta la carretera. En poco tiempo, conseguimos un aventón.

El auto estaba lleno de músicos. Recuerdo que me senté en el asiento delantero, lo que me dio una vista perfecta de este magnífico viaje: las montañas a un lado y el océano Pacífico al otro. Tenían una música estupenda a todo volumen en la radio. Todo parecía mágico. No solo oía la música, sino que también podía ver los colores de la música mientras bailaba a mi alrededor. El océano, los árboles, las plantas, los pájaros y los animales estaban vivos, bailando y pulsando al unísono con la música.

Tuve un momento en el que me di cuenta de que hay mucho más en nuestro universo de lo que experimentamos con nuestros cinco sentidos habituales. Me hice uno con el universo, conectando con todo. La realidad limitada de la tercera dimensión dejó caer su telón. No somos el único planeta, civilización o pueblo del universo; solo somos una pequeña parte.

Cuando llegamos al Instituto Esalen alrededor de las 2 de la madrugada, todavía estaba drogada. A la mañana siguiente, me alegró ver que daban un concierto musical en los acantilados con vistas al océano Pacífico. Había algunos músicos famosos tocando, como Ravi Shankar. Tumbada en la hierba, con el calor del sol cubriendo mi cuerpo, cerré los ojos e inhalé toda la experiencia: la música, el sonido de las olas al chocar con los acantilados y el sol acariciando mi cuerpo. No podría haber pedido un final más perfecto para mi experiencia con el LSD.

No estoy compartiendo esta historia de LSD para glorificar las drogas ni para animarte a tener una experiencia alucinógena. Tampoco estoy sugiriendo que pidas aventones, algo que yo nunca haría ahora. De hecho, me sorprendió que el Espíritu me sugiriera ponerlo en el libro. Mi objetivo es ser lo más transparente posible a la hora de compartir mis experiencias de despertar.

Cuando el Espíritu me pidió que pensara en mi vida sobre cualquier cosa que me abriera o aumentara mi conciencia, surgió esta historia. Se puede llegar al mismo estado alterado con métodos naturales, como la meditación y los cantos. Mi recomendación es que la gente utilice métodos naturales para un despertar espiritual.

Mi viaje de despertar ha sido un proceso lento. Me introdujo a muchas ideas nuevas. Algunas las adopté; otras las archivé para volver a ellas más adelante.

Mi curiosidad y mi voluntad de probar cosas nuevas me mantuvieron en el camino del despertar. Tu experiencia puede ser diferente a la mía. Tal vez te comprometas conscientemente a despertar y empieces a añadir actividades para conseguirlo. Puede que leas libros, asistas a seminarios web o a clases, empieces una práctica espiritual regular, busques sanadores y maestros espirituales. Yo hice todas esas cosas, pero durante un período de treinta años. Contenta de esperar el momento divino, no me apresuré a hacer que nada sucediera.

No me arrepiento de cómo se desarrolló mi viaje. En 2007, cuando me mudé a Asheville, Carolina del Norte, mi viaje espiritual se aceleró. Me di cuenta de que estaba ocurriendo algo importante y me apoyé en ello. Desde el momento en que respiré el aliento de un compañero de vidas pasadas en 2008, reconociendo que lo conocía del "tiempo antes del tiempo" y recordando cada experiencia espiritual que tuve en esta vida en cuestión de segundos, supe que mi vida nunca sería la misma.

Lo que más importa es que te mantengas abierto. Cualquiera puede tener un despertar espiritual. Para algunos puede ser rápido. Para otros, como yo, puede llevar años. Elige despertar, y el Espíritu aparecerá para ayudarte.

Si tienes experiencias que te confundan o te asusten, pide orientación

En primer lugar, intenté hablar con mis amigos espirituales de Asheville sobre toda la sabiduría y las habilidades que aparecían en mi vida. Me sorprendió y confundió que dijeran que no habían tenido estas experiencias. Sintiéndome perdida por un tiempo, acepté que las cosas espirituales se estaban abriendo para mí de una manera grande.

Recuerdo una conmovedora conversación que tuve con una amiga durante esta época de crecimiento espiritual acelerado.

—Chloe, estás regalando tu poder cuando asumes que todos estos dones espirituales que estás recibiendo se deben a otras personas.

—¿Qué quieres decir?

—Cuando me dijiste que el Cuerpo del Alma de Micah estaba apareciendo en tu casa, presumiste que él era quien lo hacía.

—Sí, es cierto. Nunca he visto un Cuerpo del Alma en esta vida. Así que, a no ser que sea él quien lo provoque, ¿cómo podría hacerlo yo? Nunca me había sucedido hasta que lo conocí.

—Sí, querida, lo entiendo. Solo digo que si puedes imaginar que Micah te envía su Cuerpo del Alma, ¿por qué no imaginar que eres tú quien lo trae?

Me llevó años aceptar que era yo quien traía los Cuerpos del Alma.

Confía en el proceso. Ten fe en que todo se te revelará en el momento adecuado. Comprométete con tu despertar y ayuda a otros a despertar. Todo lo demás se pondrá en su sitio.

Un profesional que leyó los primeros borradores de este libro dijo que identificó tres temas principales de mi libro: fe, confianza y aceptación. Todos ellos funcionan juntos.

Aprende a confiar en que todo ocurre en el momento divino. Acepta que los significados, la comprensión y las respuestas llegarán cuando sea el momento adecuado. Está bien no entender todo.

Acepta tu fe para seguir adelante. Deja que las cosas se desarrollen naturalmente. Permítete fluir con la energía del universo.

Capítulo 23

Cómo Iniciar tu Viaje Espiritual de Sanación

―――――――― ꝺ꘎ꞓ ――――――――

No es necesario hacerlo todo a la vez. Está bien empezar poco a poco e ir despacio.

En primer lugar, te sugiero que identifiques cualquier problema que estés experimentando: física, mental, emocional y espiritualmente. Luego, determina qué áreas parecen más problemáticas.

I. ¿Cuáles son las áreas problemáticas de mi vida? Por favor, puntúa en una escala de 1 a 5 (siendo 1 un problema menor; 5 un gran problema).

- FÍSICAMENTE
- EMOCIONALMENTE
- MENTALMENTE
- ESPIRITUALMENTE

II. Comienza con las áreas con los números más altos, y pasa por este proceso con cada área.

- ¿Ayudaría alguna sanación alternativa?
- ¿Qué tipo de sanación alternativa es mejor para este problema?
- ¿Me siento atraído por un tipo especial de sanación?
- ¿Necesito algún enfoque médico occidental para este problema?

Muchas veces, especialmente si esto es nuevo para ti, es prudente empezar por ver a un médico occidental para obtener más claridad sobre lo que está sucediendo. Puedes seguir utilizando la sanación alternativa como complemento a las sugerencias de tu médico. De hecho, si creo que puedo tener un problema médico grave, ese es mi enfoque. Cuando mi médico pensó que tenía cáncer de útero y de ovarios, combiné mi enfoque con la medicina occidental y la sanación alternativa.

- ¿Un poco de orientación espiritual ayudaría con este problema?

III. Después de identificar el área problemática que quieres trabajar, investiga qué sanación ayuda con el problema.

- Pregunta a las personas que están abiertas a la sanación alternativa qué terapeutas y modalidades de sanación han utilizado.
- Busca recomendaciones en Internet.

- Ponte en contacto con terapeutas y/o médicos de sanación alternativa y pídeles que te den una idea de cómo trabajan, qué proceso utilizan, qué tipos de sanación incluyen y qué tipo de éxito experimentan al tratar los problemas que tienes. Mientras hablas y escuchas con ellos, presta atención a su energía.

Después de reducir tu elección, concierta una cita. Ve con la mente abierta. Medita antes de tu cita para aclarar y relajar tu mente. Permanece abierto a la sanación.

IV. bserva cómo te sientes durante la sesión de sanación.

- Si hacen curaciones con las manos, ¿te parecen calientes sus manos? En mi experiencia, cuanto más calientes sean sus manos, mejor.

- ¿Qué experimentas emocionalmente mientras trabajan contigo?

- ¿Fue fácil llegar a un estado de relajación?

- ¿Recibes un "sí" intuitivo de que algo está cambiando?

- ¿Estás experimentando algún mensaje espiritual profundo, por ejemplo, recordando una vida pasada que podría afectar tu problema en esta vida? ¿Has visto o escuchado a visitantes de otras dimensiones o has recibido orientación de los Guías Espirituales?

- ¿Estás experimentando alguna sensación física?

- ¿Existe una conexión entre tú y el sanador? ¿Están en una longitud de onda similar? ¿La conversación fluye bien entre tú y el sanador?

V. Después de la sesión.

Respira profundamente y observa si hay algo diferente. Comprueba todas las áreas: física, emocional, mental y espiritualmente.

En general, ¿ha sido una experiencia positiva? Para mí, siempre que no haya sido una experiencia negativa, probaré al menos tres sesiones antes de decidir si ese sanador pasa a formar parte de mi equipo de sanación habitual. En tres sesiones deberías poder ver algún progreso notable.

He utilizado la sanación alternativa durante más de cincuenta años. Hubo muchas terapias alternativas que no me funcionaron; eso no significa que no sean efectivas o que no vayan a funcionar para otra persona. Solo significa que no eran adecuadas para mí.

Crea tu equipo de sanación

Te sugiero que busques sanadores para cada área de tu vida. A medida que tu intuición se fortalezca, obtendrás más orientación sobre el tipo de sanadores que necesitas. En mi caso, debo ser capaz de conectar profundamente con mis sanadores. Quiero que trabajemos como un equipo, en el que honremos y combinemos nuestras habilidades espirituales, conocimientos, sabiduría y guía espiritual para lograr una sanación duradera.

Cuando viajo a otros países, mi prioridad es trabajar con sanadores y tradiciones curativas locales. Mi primera opción siempre será un sanador indígena. Hay algo muy mágico en recibir la sanación de alguien que es nativo de la zona y que utiliza tradiciones curativas que han existido durante cientos o miles de años.

¿Necesitas un maestro espiritual?

No soy partidaria de seguir un camino espiritual o un dogma concreto. Tanto para mi trabajo de sanación como para mi viaje espiritual, mis guías espirituales y mi intuición guían mi camino. Cuando algo resuena en mí, sigo explorándolo. Cuando deja de resonar conmigo, lo dejo.

Prefiero aprender cosas de forma independiente en lugar de tener un maestro espiritual específico. Elijo no depender de un gurú; no creo ni practico poner a la gente en un pedestal y dejar que me sirva de conexión con lo Divino. Todo el mundo puede tener una relación personal y hermosa con la Divinidad. No necesitas que otra persona sea tu voz espiritual; puedes hablar directamente con la Divinidad.

La idea de que el estudiante se convierta en el maestro y el maestro se convierta en el estudiante nos lleva a la fluidez de un viaje de sanación espiritual. Somos como piezas de un rompecabezas; lo que aportamos es tan importante como lo que comparten los demás. Quiero trabajar con personas que comprendan que todas las piezas del rompecabezas tienen valor.

Si decides buscar un maestro espiritual, te sugiero que utilices la misma diligencia que empleaste para encontrar a tus sanadores. Investiga. Lee. Participa en seminarios web y cursos introductorios. Pide recomendaciones. A medida que aprendas más sobre un maestro espiritual en particular, anota lo que sientas por él, sus pensamientos, sus enseñanzas... y permítete siempre probar un camino diferente si no resuena contigo.

Comprender tu viaje es un proceso continuo. Te animo a que consigas un diario para capturar tus pensamientos y experiencias. A veces, sucederá algo que parece aleatorio y que no está conectado con nada más en tu vida. Toma nota de ello; el Espíritu te dará más información más adelante. Muchas veces mis momentos reveladores llegan años después.

Si te sientes incómodo por confiar en la sanación alternativa, empieza poco a poco. Elige un método de sanación alternativo para probarlo como complemento de los métodos más tradicionales. Prefiero trabajar con sanadores que respetan cuando es necesario utilizar la medicina occidental. Aunque siempre prefiero los métodos de sanación naturales, estoy abierta a lo que mi cuerpo necesita.

Con mi fascitis plantar, acudí a un traumatólogo. Luego, tuve una sesión chamánica con Eduardo para iluminar cualquier mensaje espiritual relacionado con mi fascitis plantar. El espíritu guía maya apareció para decirnos que él la había causado. Explicó que no tenía intención de crear todo el dolor físico, pero que quería asegurarse de que yo siguiera centrada en escribir este libro.

No hubo ninguna sanación mágica después de esa revelación. Pero me ayudó a entender por qué ocurrió y me hizo comprometerme más a evitar las distracciones que pudieran impedirme terminar el libro.

El mundo espiritual está aquí para ayudarte. Si te mantienes abierto y haces tu trabajo, te sorprenderá cómo se transformará tu vida.

Capítulo 24

Una Visión General de las Opciones Curativas Alternativas

———— ༆ ————

Hay una gran cantidad de opciones curativas alternativas. El mayor reto es encontrar las que funcionen para ti. Cuando decido probar algo nuevo, primero empiezo por investigar.

- ¿Qué éxito ha tenido este tipo de sanación con otras personas?

- ¿Puedo encontrar alguna recomendación personal sobre este método de sanación o sobre un sanador en particular?

- Antes de concertar una cita, me gusta ponerme en contacto con el sanador para ver cómo me sienta su energía.

Después de mi primera cita, me registré para evaluar si quería volver.

- ¿Cómo se sienten mi cuerpo, mi mente y mi espíritu?

- ¿Ha ocurrido algo especial durante la sanación? ¿Nuevas percepciones? ¿Se produjo alguna sanación significativa durante la sesión?

- ¿Hubo una conexión positiva entre el sanador y yo?

- Si la experiencia fue positiva en general, le doy al sanador tres sesiones para decidir si este tipo de sanación me conviene.

Los curanderos se especializan en diferentes áreas. Algunos son fantásticos para eliminar enfermedades. Otros pueden ayudarte con problemas emocionales, mentales o espirituales. Los tratamientos alternativos funcionan de forma independiente o como terapia complementaria junto a la medicina occidental tradicional. La siguiente lista incluye los métodos alternativos que he probado.

Aceite y cremas de CBD: Se utilizan para aliviar el dolor, la ansiedad y la depresión; para mejorar la calidad del sueño; como complemento para el tratamiento del cáncer para ayudar con las náuseas, los vómitos y el dolor; y puede ayudar con los trastornos neurológicos y la presión arterial alta.

Otras áreas potenciales en las que el aceite de CBD puede ayudar son la esquizofrenia y otros trastornos mentales con síntomas psicóticos. También puede ayudar a cambiar los circuitos del cerebro relacionados con las adicciones, la diabetes y las cualidades antitumorales.

Si estás tomando medicación, pregunta a tu médico antes de usar aceite o crema de CBD. Comprueba la legislación de tu estado y país y la de cualquier lugar al que viajes en cuanto a la legalidad del uso de productos con CBD.

Uso el aceite de CBD para mejorar mi sueño. La crema de CBD fue muy útil para la fascitis plantar y redujo la hinchazón, los hematomas y el dolor que tuve cuando me rompí un dedo del pie.

Acupuntura: Un componente de la medicina tradicional china, el profesional inserta finas agujas en el cuerpo para limpiar, activar y equilibrar un mejor flujo de energía positiva.

La acupuntura puede aliviar los síntomas de diversos problemas, como alergias, ansiedad, dolor de espalda, quimioterapia, dolor dental, depresión, dolores de cabeza, hipertensión, insomnio, parto, dolores menstruales, náuseas matutinas, dolor de cuello, artrosis, náuseas y vómitos postoperatorios, trastornos respiratorios, esguinces y estrés.

Consulta con tu médico si tienes un marcapasos, un trastorno hemorrágico, estás embarazada o tomas anticoagulantes.

Afirmaciones: Si permitimos que los pensamientos, las palabras y las acciones negativas entren en nuestra psique, pueden afectar nuestro bienestar. Las afirmaciones anuncian nuestras intenciones al universo y reconfiguran nuestro cerebro para que esté en un estado más positivo. Escribe tus afirmaciones y hazlas parte de tu práctica diaria. Por ejemplo: "vivo en un estado de abundancia, paz y prosperidad", o: "estoy rodeado y lleno de luz divina, amor, gracia y sanación".

También puedes comprar cartas de afirmaciones escritas para utilizarlas. Cuando mi hijo era pequeño, las afirmaciones formaban parte de su rutina antes de dormir. En lugar de frases más largas, utilizaba cartas de afirmación con una palabra. Él elegía una carta y luego hablábamos de lo que significaba la palabra, por qué era importante y qué podía hacer para mejorar esa área de su vida.

Aromaterapia: Usa incienso o un difusor de aromaterapia con aceites esenciales para aumentar tu sentido del olfato y contribuir a tu estado de ánimo y bienestar. Si hay antecedentes de asma, consulta con tu médico.

Chamanismo: Una antigua práctica espiritual que se encuentra en todo el mundo. Mis experiencias chamánicas han sido con chamanes indígenas de Ecuador, Perú y México. En un estado de trance extático, un chamán se conecta con el mundo de los espíritus para sanar problemas físicos, mentales, emocionales y espirituales. Los chamanes dominan la capacidad de pasar de un estado alterado a otro a voluntad.

Además de sanar, los chamanes pueden realizar ceremonias, crear arte, cantar, tocar instrumentos, bailar en trance, predecir acontecimientos futuros, comunicarse con el mundo de los espíritus y ayudar a las almas a volver a la Luz. Alineados con la naturaleza, los chamanes pueden comunicarse con las plantas, los animales, los elementos y el mundo espiritual.

Una sesión de sanación chamánica puede incluir sonido, hierbas, plantas, maracas y tambores, plumas, cristales, aceites esenciales, trabajo corporal, huevos, velas, incienso o una limpia (una limpieza espiritual con hierbas y oraciones para limpiar y equilibrar la mente, el cuerpo y el espíritu de energía, entidades o pensamientos negativos).

También pueden realizar una recuperación del alma. Cuando una persona experimenta un trauma, parte de su ser puede astillarse, huir o esconderse, lo que los chamanes llaman pérdida del alma. El chamán realiza un trabajo de sanación para restaurar y devolver a su vida la parte perdida de su alma.

Cristales: Me encanta trabajar con cristales. Están por toda mi casa y también los llevo puestos. Cuando hago curaciones energéticas, coloco cristales en los principales chakras del cuerpo de mis clientes.

Utilizados para sanar y mejorar el bienestar desde el principio de la humanidad, hay registros de que las antiguas civilizaciones de Egipto, Grecia, México, China, América del Sur y Nueva Zelanda utilizaban cristales. Teniendo en cuenta mis recuerdos de vidas pasadas en el antiguo Egipto, Grecia, México y Sudamérica, no es sorprendente que resuene con los cristales.

Todo en nuestro planeta tiene una frecuencia vibratoria única. Puedes elegir el tipo de piedra con el que quieres trabajar dependiendo de lo que quieras conseguir.

Una de mis piezas de cristal favoritas es un collar con piedras de **cuarzo rosa, rubí** y **turmalina azul**. Una cadena más larga permite que se sitúe justo en mi chakra del corazón.

La piedra más grande es el cuarzo rosa, que tiene las cualidades de la calma, la compasión y el amor. El cuarzo rosa también ofrece protección, elimina la negatividad y abre y purifica el corazón, promoviendo un amor incondicional hacia uno mismo y hacia los demás, la paz y un profundo nivel de sanación interior.

La siguiente piedra es el rubí, que es conocida por reducir el dolor corporal, la baja energía, los problemas cardíacos y por ayudar al cuerpo a desintoxicarse. El rubí se considera una creación divina que mejora la autoestima, la sabiduría espiritual y la intuición.

La última piedra es la turmalina azul clara, conocida por ser el cristal del Espíritu. La turmalina azul aumenta tu felicidad, la confianza en ti mismo, reduce el miedo, aporta más inspiración, tolerancia, prosperidad, compasión y equilibra la energía del yin-yang. Es un puente entre el mundo físico y el reino espiritual.

Dejar de lado los apegos: Una de las creencias básicas del budismo es que sufrimos porque nos apegamos a ciertos resultados. Aunque parece sencillo, requiere trabajo. No solo hay que entender este concepto, sino también procesarlo y utilizarlo conscientemente.

Ahora estoy mucho mejor, pero solía esforzarme por querer que las cosas salieran de una manera determinada. Hubo un momento en el que acepté completamente el concepto, y pude dar un paso atrás y ver el dolor y la angustia que me causaba no dejar de estar apegada a un resultado concreto. Ríndete, confía y ten fe en que la Divinidad siempre está contigo y sabe lo que es mejor para ti.

Dieta: Un nutricionista o un médico holístico o naturista pueden ayudarte a encontrar una buena dieta que ayude a la sanación. Unos sencillos cambios en mi dieta me ayudaron a lidiar con la esclerosis múltiple. Cambié a una dieta antiinflamatoria: baja en grasas, baja en azúcares y sin legumbres, huevos, soja, gluten ni lácteos. Los resultados fueron sorprendentes. No, no eliminó la esclerosis múltiple, pero durante los siguientes trece años no tuve que ir al hospital.

Feng shui: Originario de la antigua China, el feng shui es una forma de organizar el entorno para que esté en armonía con el flujo natural de la energía. Un bagua es un mapa chino de feng shui de ocho áreas que se desean tener en armonía. Las áreas del bagua son la familia y la salud, el conocimiento y la sabiduría, la riqueza y la prosperidad, la fama y la reputación, la gente útil y los viajes, la pareja y el matrimonio, los niños y la creatividad, y la carrera profesional y el camino de vida. En el centro está la novena área, que es tu bienestar general. Cada área tiene formas, colores, números, estaciones y elementos de la tierra que pueden ayudar a equilibrar la energía.

Hipnoterapia: Se utiliza para tratar afecciones específicas o para cambiar hábitos. Es un proceso guiado que te pone en estado de trance, con la capacidad de centrar tu atención y recibir sugerencias para mejorar tu vida.

Homeopatía: Concebida por un científico alemán en 1796, la homeopatía cree que el cuerpo puede sanarse a sí mismo, basándose en la premisa de que algo que puede causar síntomas en el cuerpo también puede sanarlo.

Los médicos homeópatas utilizan sustancias diluidas para tratar los síntomas de problemas físicos y psicológicos. Si estás tomando medicación, consulta con tu médico antes de empezar un tratamiento homeopático.

Medicina de hierbas: Han utilizado las hierbas desde la antigüedad para la sanación y el bienestar. Te recomiendo que busques un nutricionista holístico o un médico natural que te pueda orientar. Comprueba que no interfiere con ninguna medicación que puedas estar tomando.

Medicina tradicional china (MTC): Con más de dos mil años de antigüedad, la MTC incluye la acupuntura, la acupresión, las ventosas o raspados, la terapia dietética, el ejercicio (qigong, tai chi), la fitoterapia, el masaje, la meditación y la moxibustión.

La MTC puede ayudar con las alergias, la ansiedad, la artritis, la diabetes, los problemas de fertilidad, la presión arterial alta, el insomnio, la menopausia, la obesidad, el dolor, la enfermedad de Parkinson y las afecciones de la piel. Si estás embarazada o en período de lactancia, tienes prevista una intervención quirúrgica, te estás medicando, eres mayor o buscas un tratamiento para un niño, consulta con tu médico.

Médico intuitivo: La orientación intuitiva se utiliza para determinar las causas de los problemas físicos o emocionales. Aunque la mayoría no hace un diagnóstico formal, muchos médicos intuitivos trabajan con los médicos para ofrecer una segunda opinión. Funciona como una forma complementaria de sanación alternativa para encontrar la causa raíz de un problema.

Mesa de sonidos vibratorios para los chakras: Solía tener una mesa de sonidos vibratorios BETAR para los chakras. Me encantaba. Se parece a una mesa de masaje, con diez altavoces debajo de la zona acolchada donde te acuestas. Un reproductor de CD se conecta a los altavoces, lo que te permite experimentar el sonido de forma vibratoria en todo tu cuerpo y a través de los altavoces, a la vez que escuchas a través de unos auriculares.

El diseño del BETAR® (*Bio-Energetic Transduction-Aided Resonance*) está basado en la física cuántica. Su sofisticado sistema de sonido te sintoniza y alinea al más alto nivel espiritual, ya que emite patrones de frecuencia en los principales puntos energéticos de los chakras. Los auriculares abren el cerebro y el oído a frecuencias de sonido mejoradas. El sistema de altavoces BETAR produce un campo magnético de energía que pulsa y estimula todo tu sistema nervioso.

¡En esa mesa ocurrieron muchos milagros! Además de usar el BETAR para mí y mi perro, lo usé con todos mis clientes de sanación energética en Asheville y para programar mis cristales.

Método Feldenkrais: Desarrollado por Moshe Feldenkrais, es una forma sencilla de movimiento que mejora el estado corporal y psicológico y refuerza la conexión entre el cerebro y el cuerpo. Feldenkrais implica un aprendizaje somático sensorial-motoro y aporta una mayor conciencia y conexión con el propio cuerpo a través del movimiento.

Es una combinación de habilidades motrices, artes marciales, psicología y biomecánica que afecta la flexibilidad, la coordinación, el sistema nervioso central y ayuda a la cognición, la intención, los patrones de atención y la sanación.

Las personas que practican Feldenkrais afirman haber aliviado el dolor, la tensión y la fatiga; haber mejorado la concentración y la atención; haber mejorado la postura, la coordinación y el equilibrio; haber respirado con mayor facilidad y haber aumentado la sensación de relajación y bienestar.

Moxibustión: La raíz de la planta artemisa se quema y se coloca cerca del cuerpo para ayudar a la sanación calentando y energizando la sangre, estimulando el qi (flujo de energía vital), fortaleciendo los riñones y eliminando el estancamiento.

Naturopatía: Cuidado de la salud que incluye terapias médicas alternativas, naturales y modernas. Los principios fundamentales son ayudar al cuerpo a autosanarse, resolver los problemas subyacentes mediante un plan de tratamiento holístico que incorpore al cuerpo, la mente y el espíritu, y centrarse en la educación y la prevención.

Algunas de las afecciones con las que puede ayudar la naturopatía son el TDAH, las alergias, la ansiedad, el estrés, la depresión, las afecciones autoinmunes, el autismo, el cáncer, la diabetes, los problemas digestivos, los problemas cardiovasculares, los dolores de cabeza, el desequilibrio hormonal, las infecciones, la menopausia, las afecciones neurodegenerativas, la obesidad, las afecciones respiratorias, las afecciones de la piel y el estrés.

Oración afirmativa: Centrarme en los resultados positivos, verme en perfecto estado de salud.

Pilates: Utilizado como alternativa para la terapia de rehabilitación, el Pilates es de bajo impacto. Influenciado por el yoga, el ballet y la calistenia, promueve una mejor flexibilidad, equilibrio, conciencia corporal y fuerza.

Consulta con tu médico antes de empezar una práctica intensa de Pilates si estás embarazada, tienes más de cuarenta años, tienes problemas musculoesqueléticos, no estás en forma, has tenido una operación reciente u otros problemas médicos graves.

Qigong: Elemento de la medicina tradicional china, el qigong utiliza la meditación, el movimiento y la respiración para mejorar la energía vital. También puede mejorar la inmunidad y la circulación sanguínea, aliviar el estrés y la ansiedad, y mejorar la flexibilidad, el equilibrio y la concentración.

Al igual que la acupuntura, el qigong activa los meridianos, órganos y puntos de acupuntura del cuerpo. Si tienes antecedentes de trastornos psicóticos, consulta con tu médico.

Quiropráctico: Se ocupa del diagnóstico y tratamiento del sistema musculoesquelético del cuerpo. Un quiropráctico ayuda a reducir el dolor y corrige la alineación de tu cuerpo para aumentar la capacidad del mismo para funcionar bien.

El quiropráctico se centra en los huesos, cartílagos, tejido conectivo, articulaciones y músculos. Si sufres de una hernia discal, artritis, una anomalía física o una lesión como una fractura, osteoporosis o una salud frágil, lo mejor es que consultes primero con tu médico habitual

Reflexología: Algunos masajistas incorporan la reflexología en su masaje. O puedes buscar un reflexólogo para que te dé una sesión. Se basa en la teoría de que las zonas de los pies y las manos corresponden con los órganos del cuerpo. También puedes comprar cuadros de reflexología de manos y pies para trabajar sobre ti mismo.

La reflexología puede ser beneficiosa para la ansiedad y el estrés, y para aliviar el dolor emocional y físico. También funciona bien como tratamiento complementario para enfermedades como el cáncer.

Consulta con tu médico antes de hacerte reflexología si estás embarazada, tienes una infección activa, artritis en el pie o el tobillo, problemas de circulación, ciertos tipos de cáncer, diabetes, fracturas de pie, cálculos renales, piedras en el riñón o una herida abierta.

Regresión a vidas pasadas: Muchas veces, el trauma de una vida pasada puede seguir afectándote en tu vida actual. Un terapeuta de vidas pasadas con licencia utiliza la hipnosis guiada para ayudarte a mirar tu pasado. La Junta Internacional de Terapia de Regresión (IBRT) autorizó a John Williams, el terapeuta de regresión que utilizo en Asheville. Una cita para una regresión a vidas pasadas completa dura alrededor de dos horas.

Remedios florales de Bach: Soluciones diluidas de flores combinadas con brandy para hacer una tintura. Se utiliza un gotero para poner la tintura bajo la lengua o en un vaso de agua. Uno de los productos más conocidos es su Rescue Remedy, para problemas de estrés.

Retiro de sanación: Es una forma estupenda de sumergirse en varias modalidades de sanación. Suelo hacerlo en un entorno idílico, como la playa o la montaña. Algunos de mis sanadores y yo realizaremos seminarios web en línea basados en los principios de este libro. Más adelante, también ofreceremos retiros de sanación en persona. www.ChloeKempWisdomKeeper.com

Rolfeo: Un método para cambiar y mejorar el cuerpo y proporcionar un alivio duradero. Este trabajo corporal de tejido profundo se centra en la reestructuración de los músculos y la fascia. Puede ayudar con la postura y los dolores y afecciones musculoesqueléticas crónicas. Si hay problemas circulatorios, enfermedades cardiopulmonares o musculoesqueléticas, trastornos neurológicos o altos niveles de estrés, consulta con tu médico.

Sanación de la energía de los chakras: Los chakras son puntos de energía en tu cuerpo. La sanación energética puede alinear y abrir los chakras bloqueados, lo que conduce a la sanación física, emocional, mental y espiritual. Los siete chakras principales son:

Chakra raíz: Este chakra, que se encuentra en la base de la columna vertebral, tiene que ver con estar centrado y seguro. Si te encuentras preocupado por el dinero u otros problemas de supervivencia, es muy probable que tu chakra raíz necesite trabajo. El rojo es el color del chakra raíz. Entre las piedras para el chakra raíz se incluyen la obsidiana negra, la turmalina, la piedra de sangre, la caoba y el coral rojo.

Chakra sacro: A pocos centímetros por debajo del ombligo, este chakra contiene tu energía creativa, sexual y emocional. Rodéate del color naranja si quieres potenciar el chakra sacro. Las piedras útiles para este chakra son el ojo de tigre, el granate y la cornalina naranja.

Chakra del plexo solar: Este es tu centro de poder, tu vientre, y contribuye a tu autoestima, confianza y autovaloración. Usa amarillo y trabaja con ámbar, ópalo de fuego, citrino o topacio si quieres fortalecer este chakra.

Chakra del corazón: El chakra del corazón se encuentra en el centro del pecho, cerca del corazón. Se asocia con el amor, la alegría, la compasión y la paz interior. El chakra del corazón conecta tu mundo físico con tu mundo espiritual. El verde es el color del chakra del corazón, y entre sus piedras se incluyen el cuarzo rosa, el ágata verde, el ópalo verde, el jade y la esmeralda. El rosa es el color del chakra del corazón alto.

Chakra de la garganta: Situado en la base de la garganta, afecta a tu forma de comunicarte. Cuando está abierto y equilibrado, te será más fácil expresar tu auténtico yo. Añade más colores azul cielo, y turquesa, aguamarina, cianita y calcedonia para ayudar a abrir, fortalecer y equilibrar este chakra.

Chakra del tercer ojo: Se encuentra en la frente, entre los ojos, y es importante para la intuición, la imaginación y la visión general. El color índigo y las piedras lapislázuli, zafiro y sodalita ayudan a mantener el tercer ojo abierto y equilibrado.

Chakra de la corona: En la parte superior de la cabeza, este chakra representa la conexión espiritual con uno mismo, con los demás, con el universo y con el propósito de la vida. El violeta o el blanco son los colores asociados al chakra de la corona. Utiliza cuarzo claro, amatista o piedra lunar cuando trabajes con la coronilla.

Sanación por fe: El poder de la fe y la oración se utilizan para tratar enfermedades mentales o físicas o problemas espirituales. Normalmente, los curanderos utilizan la oración, el toque curativo, el agua bendita y las hierbas medicinales. La mayoría cree que sus habilidades curativas provienen de Dios a través de estados de trance y éxtasis con el Espíritu Santo o los espíritus ancestrales.

Sanación psíquica: De forma parecida a un médico intuitivo, un sanador psíquico puede ayudarte a entender tu enfermedad y aprovechar los mensajes del espíritu sobre cómo sanarla. He tenido una relación increíble con un sanador psíquico durante trece años. Cuando se trata de cuestiones importantes de la sanación, siempre ha sido excelente.

Sauna infrarroja: Diseñada para calentar el cuerpo, una sauna infrarroja ayuda a la relajación, a dormir mejor, a mejorar la circulación, a aliviar el dolor, el síndrome de fatiga crónica, la artritis y la presión arterial alta. Si tienes síntomas psicóticos como alucinaciones y delirios, trastornos de la personalidad o problemas con sustancias, consulta con tu médico.

Suplementos nutricionales: Tu médico o nutricionista pueden ayudarte a elegir los suplementos que debes tomar. Mi joven internista se enteró de que los niveles bajos de vitamina D pueden afectar a la esclerosis múltiple. Mis niveles de vitamina D eran tan bajos que tuve que tomar una dosis recetada para alcanzar un nivel aceptable. Tomo 4.000 UI de vitamina D para mantener mis niveles saludables. Los análisis de sangre son muy útiles para determinar si tu cuerpo tiene niveles bajos de vitaminas, minerales u hormonas.

Tai chi: Un tipo de arte marcial china que ofrece beneficios para la salud, meditación y entrenamiento de defensa. Puede mejorar la flexibilidad y el equilibrio, aumentar la energía, la resistencia y la fuerza muscular, y reducir la ansiedad y el estrés. El tai chi también puede mejorar los síntomas de la insuficiencia cardíaca congestiva, el dolor de las articulaciones, reducir la presión arterial, fortalecer la inmunidad y reducir el riesgo de caídas. Es una forma de ejercicio suave y elegante de bajo impacto. Si tienes dolor de espalda, fracturas, una hernia, problemas articulares, osteoporosis grave o estás embarazada, consulta con tu médico.

Tanque de aislamiento: Ideal para relajarse y meditar. Algunos también lo llaman tanque de privación sensorial o de flotación. Llenan el tanque con suficiente agua y sales de Epsom para flotar fácilmente sobre la espalda. Con una estimulación sensorial mínima, te permite experimentar una meditación profunda. Consulta con tu médico si tienes epilepsia no controlada, una infección, heridas abiertas o problemas psicológicos graves.

Tapping (Técnica de Libertad Emocional - EFT): También conocida como acupresión psicológica, el tapping equilibra tu energía y ayuda con el dolor físico y emocional. Al igual que la acupuntura, se centra en los puntos meridianos del cuerpo. En lugar de agujas de acupuntura, se utilizan las yemas de los dedos para aplicar presión a los puntos de energía mientras se centra en un problema a la vez.

La EFT ayuda a aliviar el dolor, el insomnio, la ansiedad, la depresión y el trastorno de estrés postraumático (TEPT). Si tienes un trastorno obsesivo-compulsivo, consulta con tu médico.

Terapia craneosacral: Estimulación muy suave y ligera de los fluidos y membranas de tu sistema nervioso central. El objetivo es aliviar la tensión, eliminar el dolor y aumentar el bienestar de tu cuerpo y tu istema inmunológico.

La terapia craneosacral ha ayudado a combatir el dolor crónico, la epilepsia, las adherencias de la fascia, la fibromialgia, las migrañas, la esclerosis múltiple, las enfermedades neurodegenerativas, el síndrome de post-conmoción cerebral, los trastornos del habla y el síndrome de la articulación temporomandibular.

Consulta con tu médico si tu historial incluye un accidente cerebrovascular agudo, una hemorragia cerebral, un aneurisma, una afección vascular cerebral con hemorragia activa, una conmoción cerebral reciente, una inflamación cerebral, una lesión cerebral traumática o coágulos de sangre.

Terapia en cuevas de sal (helioterapia): En una cueva de sal, se respiran iones cargados negativamente. Esto puede ayudar a reducir la inflamación y la mucosidad y los problemas con las afecciones respiratorias como la congestión de los senos nasales, la bronquitis, el asma o la EPOC.

Consulta con tu médico si tienes infecciones activas, trastornos sanguíneos, fiebre, problemas cardiovasculares, hipertensión, hipertiroidismo, enfermedades malignas, heridas abiertas, insuficiencia respiratoria o tuberculosis.

Terapia de masaje: Ayuda con una serie de problemas físicos y emocionales, incluyendo la reducción del dolor, la ansiedad, el estrés, la mejora de la circulación, las lesiones de los tejidos blandos, la estimulación de su sistema linfático, el aumento de tu rango de movimiento, y el aumento de tu estado de alerta mental. Si tienes coágulos de sangre, cáncer, una enfermedad contagiosa, fiebre, inflamación, problemas renales o hepáticos, embarazo o hipertensión no controlada, consulta con tu médico.

Masaje de acupresión: Utilizando los principios de la acupresión que se originaron en Japón, es una forma más profunda de masaje que aumenta el flujo de energía natural del cuerpo para liberar la tensión y equilibrar el cuerpo. El concepto es muy similar al de la acupuntura, solo que no utiliza agujas.

Masaje de aromaterapia: Se añaden aceites esenciales al aceite de masaje para aumentar y potenciar los beneficios del bienestar físico y mental del masaje.

Masaje de terapia craneosacral: Utiliza toques ligeros para alinear el sistema nervioso central.

Masaje de tejido profundo: Se utiliza para la tensión muscular severa y el dolor con problemas musculoesqueléticos o posturales o problemas crónicos. Se centra en la fascia y las capas musculares del cuerpo.

Masaje con piedras calientes: Se utilizan piedras calientes colocadas en diferentes puntos del cuerpo para profundizar en el masaje. El calor de las piedras aumenta la relajación y ayuda a aflojar la tensión muscular.

Masaje lomi lomi: Un trabajo corporal tradicional hawaiano, también conocido como "masaje de manos amorosas". Las caricias continuas ayudan al cuerpo a desprenderse de patrones antiguos e ineficaces. Lomi significa "amasar, frotar, calmar, trabajar dentro y fuera, como las patas de un gato contento". Entrelaza conceptos tradicionales y espirituales con un sistema de trabajo corporal práctico para aportar armonía y sanación a tu mente, cuerpo y espíritu. Este fue uno de los masajes más cariñosos y nutritivos que he experimentado.

Masaje miofascial: Se utiliza para un trabajo más profundo en tu fascia, el tejido que sostiene tus órganos, huesos, músculos y arterias. Ayuda a restaurar el movimiento y a aliviar el dolor.

Reflexología: Una técnica para estimular y apoyar las vías neurales para mejorar el funcionamiento y el bienestar del cuerpo. Se aplica una presión firme en determinados puntos de las manos y los pies que se correlacionan con otros sistemas y órganos del cuerpo.

Shiatsu: Originario de Japón, se basa en la medicina tradicional china para trabajar con el qi, el flujo energético natural del cuerpo, mediante la manipulación de los puntos de acupresión naturales del cuerpo.

Masaje deportivo: Diferentes técnicas de masaje adaptadas al deportista y al deporte para ayudar a aliviar el dolor y ganar más flexibilidad y proteger contra posibles lesiones.

Masaje sueco: También conocido como masaje tradicional, utiliza caricias, presiones y fricciones para aflojar la tensión muscular y mejorar la circulación sanguínea. Si te interesa la relajación y el alivio de la tensión muscular, es una buena opción.

Masaje tailandés: Combina la acupresión, las posturas de yoga y los principios de las tradiciones ayurvédicas indias para trabajar en todo el cuerpo. Además de utilizar las palmas y los dedos de las manos para aplicar una presión firme, el masajista estira el cuerpo y lo coloca en posiciones únicas mientras lo guía con la respiración. La gente experimenta un alivio del dolor, una mejor postura y una mayor amplitud de movimiento del cuerpo.

Masaje terapéutico: Un masaje más suave que incluye la aplicación de presión, la sujeción y el movimiento de sus músculos, ligamentos, tendones y fascia.

Terapia de sanación con sonido: El sonido puede fortalecer todo tu bienestar. Ha ayudado a personas con ansiedad, autismo, trastornos psiquiátricos y del comportamiento, cáncer, demencia y depresión. La gente dice que reduce el riesgo de enfermedades cardiovasculares y derrames cerebrales, disminuye la presión arterial y el colesterol, mejora el sueño y estabiliza los cambios de humor. El sonido ha sido fundamental en mi despertar espiritual y en mi trabajo de sanación.

Sanación por inmersión de sonido: Una especialidad de River Guerguerian, que toca instrumentos de percusión sobre tu cuerpo mientras estás acostado en estado de meditación. He tenido experiencias extraordinarias con las inmersiones sonoras de River.

Sanación por sonido de voz: Una persona utiliza su voz para emitir sonidos y tonos para la sanación.

Otros métodos de sanación por sonido: Incluye cantar, rezar en voz alta, tararear, cantar, escuchar música, bailar, meditar con el sonido, afinar diapasones o tocar un instrumento. Si te sometes a una intervención quirúrgica, llévate unos auriculares y una lista de música curativa para escuchar durante la operación y la recuperación.

Terapia transpersonal: Un enfoque holístico mentecuerpo de la terapia hablada, que incorpora las necesidades de sanación física, mental, emocional, social, creativa y espiritual de un individuo. Combina la filosofía occidental y oriental, el misticismo y la psicología cognitiva con la meditación, la visualización y la hipnoterapia. Para mí, es un proceso rápido y poderoso que a menudo puede descubrir el problema central y la resolución de una situación, muchas veces en una sola sesión.

Tierra: Quítate los zapatos y ponte en contacto con la tierra. Los electrones de la tierra transfieren energía a tu cuerpo, lo que ayuda a aumentar tu bienestar, mejora el sueño, el flujo sanguíneo y reduce la inflamación. También puedes probar un baño de bosque, que se originó en Japón como un paseo consciente por la naturaleza para ayudar a la sanación mental o física.

Trabajo de respiración: Técnicas de respiración para mejorar el estado mental, emocional, físico y espiritual.

Consulta con tu médico si tomas medicamentos regularmente o si hay antecedentes de problemas cardiovasculares, glaucoma, ataques de pánico o psicosis, osteoporosis, lesiones o cirugías recientes, desprendimiento de retina, trastornos convulsivos, enfermedades mentales o medicamentos antipsicóticos.

Contar las respiraciones: La técnica de respiración 4-7-8 del Dr. Andrew Weil ayuda a reducir el ritmo cardíaco, te lleva a un estado más consciente y presente, y puede calmarte. Cuando se está abrumado, es una forma rápida de obtener un poco de alivio.

La respiración de caja incorpora un patrón 4-4-4-4 para un rápido impulso de energía mental y física. La respiración coherente utiliza un patrón 5-5 para aumentar la sensación de calma.

Respiración holotrópica: Utilizar música sagrada mientras se acelera la respiración para llevar la consciencia a un nivel superior y acceder a la guía curativa interior.

Respiración prana: También conocida como pranayama, es un componente del yoga. Prana significa "energía vital" y yama significa "control". Existen varios métodos y tipos de respiración pranayama controlada que: pueden ayudar con el estrés; mejorar la calidad del sueño, la función pulmonar y el rendimiento cognitivo; reducir la presión arterial y los antojos.

Respiración de renacimiento: Respiración suave y superficial para conectar con la energía divina. Entre los beneficios se incluyen un profundo estado de relajación, una forma de entender y liberar emociones ocultas, sanar traumas vitales y una conexión más profunda con lo Divino.

Respiración chamánica: Durante un viaje de tambores chamánicos, conectas y alineas tu respiración con los tambores rítmicos, lo que mejora tu viaje.

También pueden realizar una recuperación del alma. Cuando una persona experimenta un trauma, parte de su ser puede astillarse, huir o esconderse, lo que los chamanes llaman pérdida del alma. El chamán realiza un trabajo de sanación para restaurar y devolver a su vida la parte perdida de su alma.

Ventosas: Se colocan pequeñas copas de cristal calentadas sobre la piel para crear una succión. El objetivo es aumentar el flujo sanguíneo y la energía del cuerpo. Un masajista capacitado, un acupunturista o un practicante de la medicina china pueden ofrecer las ventosas.

Las ventosas se utilizan para aumentar el flujo sanguíneo, aliviar el dolor y aumentar la relajación. También puede ser beneficioso para el acné, la ansiedad, el asma, el dolor de espalda, la bronquitis, la tos, la diabetes, los problemas digestivos, el eczema, la fibromialgia, la gota, el insomnio, la presión arterial alta y el herpes.

Ha habido algunos reportes indicando que las ventosas pueden causar cicatrices o quemaduras si se utilizan repetidamente en la misma zona del cuerpo. He tenido terapeutas de masaje que me han aplicado las ventosas para múltiples problemas y siempre estoy contenta con los resultados; nunca he tenido problemas con las ventosas.

Consulta con tu médico si estás embarazada o tienes problemas de coagulación de la sangre, trastornos hemorrágicos, si estás menstruando, tienes la piel frágil, úlceras o heridas recientes en la piel, trastornos de órganos internos, antecedentes de accidentes cerebrovasculares o si estás tomando medicamentos.

Visualización: Utilizar la mente para visualizar o imaginar un cuerpo y una mente sanos, felices y relajados. También llamada imagen guiada o visualización creativa, se centra la atención en lo que te gustaría que ocurriera en tu vida. La terapia de visualización puede cambiar tus patrones emocionales, provocando cambios físicos positivos.

Muchos utilizan las técnicas de visualización para la ansiedad, el asma, la mejora del rendimiento mental o físico, la fibromialgia, el insomnio, dejar de fumar y perder peso. Puedes hacerlo solo o en grupo; al principio, será más fácil utilizar instrucciones e imágenes guiadas.

Yoga: Una práctica de cuerpo y mente desarrollada en la India hace más de cinco mil años, incluye técnicas de respiración, meditación, movimiento y relajación.

El yoga puede ayudar con la artritis, los problemas cardiovasculares y el dolor. También mejora la calidad del sueño, la flexibilidad, el equilibrio y la fuerza; aumenta la energía física y mental; estabiliza el estado de ánimo y ayuda a gestionar mejor el estrés y la ansiedad.

Consulta con tu médico si tienes riesgo de sufrir coágulos de sangre, diabetes, enfermedades oculares como el glaucoma, una hernia discal, problemas cardiovasculares, problemas graves de equilibrio u osteoporosis. Si estás embarazada, díselo a tu profesor de yoga.

Yoga hatha - Es bueno para controlar el estrés. Tiene un ritmo más lento y posturas y movimientos más sencillos.

Yoga vinyasa - Una serie de posturas de yoga que fluyen entre sí.

Yoga ashtanga - Una clase fluida que vincula la respiración con el movimiento y las posturas.

Yoga iyengar - Utiliza correas, bloques y sillas para ayudar a mover y alinear el cuerpo.

Yoga yin - Una clase meditativa y de ritmo lento con posturas sentadas.

Yoga restaurativo - Se utiliza para la relajación y la meditación.

Yoga anusara - Una versión más moderna del yoga hatha que se centra en la conexión mente-cuerpo-corazón.

Yoga nidra - Meditación guiada de todo el cuerpo para relajarse y dormir.

Yoga caliente - Se practica en una sala calentada a altas temperaturas mientras se realiza una serie de veintiséis posturas desafiantes.

Power yoga - Clase de alta intensidad centrada en el desarrollo muscular.

Yoga kundalini - Se centra en la liberación de la energía kundalini enrollada en la parte inferior de la columna vertebral. Las clases pueden incluir también meditación, mantras y cánticos.

Yoga jivamukti - Similar al vinyasa, también tiene un componente de principios espirituales hindúes.

Yoga prenatal - Utiliza accesorios y movimientos seguros para aumentar tu estabilidad.

Yoga acrobático - Realizado en pareja o en grupo, combina la acrobacia con el yoga.

Yoga aéreo - En lugar de una alfombrilla de yoga, se utiliza una hamaca de seda suspendida del techo para apoyarse mientras se hacen las posturas.

Capítulo 25

La Sanación es un Proceso Continuo

—————— ❧❧ ——————

La sanación espiritual no es un evento único. El espíritu te hará saber cuándo es el momento de hacer más trabajo.

Cuando empecé a escribir este libro, mi chamán mexicano me dijo que estaba empezando una poderosa transformación personal. Desde entonces, ha habido periodos en los que he sido consciente de que estaba quemando energía de víctima. En esta vida y en otras vidas pasadas, me sucedieron muchas cosas que me hicieron sufrir.

¿Cuánto estrés puedes soportar antes de sentirte abrumado? Si solo ocurren unas pocas cosas difíciles seguidas, estoy bien. Recientemente, me sucedieron siete cosas importantes, todas en un período de veinticuatro horas, lo que superó con creces mi límite de manejarlo bien. Con todas las cosas negativas de la tercera dimensión que ocurrieron, me sentí bombardeada, y permití que me estancara con sentimientos de agobio.

Rodeada de pesadez y de un estado de ánimo oscuro, saqué a mi perro a pasear. Fuimos a la montaña cerca de mi casa; necesitaba estar en el bosque, en comunión con la naturaleza. Meditar y hablar con mis Guías Espirituales fue reconfortante. Lágrimas rodaron por mis mejillas cuando me di cuenta de que las experiencias recientes de esta semana estaban chocando con viejas heridas.

Sabía que tenía que hablar con Eduardo. Me encantó su respuesta.

—Chloe, entiendo que estos últimos acontecimientos han sido un reto para ti. Pero es algo bueno. Estás integrando todo lo que has aprendido y recordado mientras escribías tu libro. Aunque puede ser doloroso, es un paso necesario.

Le dije que creía que el dolor más profundo que estaba experimentando era por el trauma que ocurrió cuando tenía tres años.

—Chloe, tu duelo profundo no solo tiene que ver con esta vida. También estás limpiando todos los traumas de tu vida pasada.

Eso tenía sentido para mí. Necesito despojarme de todas las partes de todas mis vidas que ya no sirven a mi propósito superior.

A la mañana siguiente, me desperté más clara, más fuerte, más ligera y más tranquila. Todo lo que había sucedido esta semana era un llamado de atención diciéndome que era hora de quemar más energía de víctima. El primer mensaje que recibí fue:

—Ya no eres una víctima.

Las respuestas y soluciones a las cosas con las que había estado luchando empezaron a llegarme con facilidad. Salí de mi cuerpo de víctima y entré en un nuevo plano superior, renovado y listo para abordar cualquier cosa que el Espíritu quiera que haga.

Para ayudarme con la integración, escribí varias afirmaciones. Para mí, los recordatorios visuales son una forma eficaz de encarnar mis lecciones. Normalmente, escribo afirmaciones en un formato positivo. Esta vez, quería enviarme un mensaje poderoso sobre lo que ya no iba a tolerar.

- ¿Qué debo hacer para ser íntegro conmigo misma?

En primer lugar, define lo que significa la "integridad" para ti. A continuación, visualiza cómo puede aparecer en tu vida. Determina cómo quieres que te traten los demás. ¿Quién te llena? ¿Qué personas agotan tu energía? ¿Estás empleando tu tiempo de forma inteligente? ¿Has descuidado tu autocuidado? ¿Estás satisfecho y contento con tus relaciones?

- No necesito la opinión o el permiso de otras personas para hacer lo que es mejor para mí.

No puedes ser íntegro con los demás hasta que lo seas contigo mismo. Nadie tiene que estar de acuerdo o aprobar tus decisiones personales. A medida que aprendas a confiar en tu guía espiritual, habrá menos necesidad de buscar la opinión de los demás. Mantén la intención de que tus pensamientos, acciones y sentimientos vendrán de un lugar de amor y compasión, no solo para los demás, sino para ti mismo.

- No permito que la gente me persuada de que mi verdad es falsa, ni que intenten avergonzarme por mis pensamientos y sentimientos.

No todo el mundo quiere aceptar su nuevo yo, el que defiende tu poder e integridad. Algunas personas tratarán de convencerte de que estás en el camino equivocado. Muchas veces, esa actitud proviene de su propio miedo al cambio. Que sigas igual les reconforta, pero tú pagas el precio. Cuando haces cosas que sabes en tu corazón que no son buenas para ti, eso crea problemas innecesarios en tu vida.

- Solo permito que haya personas en mi círculo íntimo que estén alineadas con mi bien mayor y que respeten mi ser sagrado y auténtico.

Para mí, esto ha sido un reto. ¿Dónde se pone el límite? Queriendo ser compasiva con los demás, muchas veces me he permitido caer en la trampa de dejar que mis límites se muevan lentamente hacia un lugar poco saludable. ¿Te aferras a las relaciones, más allá de su fecha de caducidad, porque es más fácil que actuar? Durante los últimos años, he estado reorganizando quién pertenece a mi círculo íntimo, quién permanecerá como amigo ocasional y quién eliminaré de mi vida de tercera dimensión. Ya no estoy dispuesta a ignorar mi integridad y mis necesidades.

- Mi intuición me guía y protege en todas mis relaciones. Acepto y honro la verdad sagrada de mis relaciones.

No todo el mundo respetará tus límites. Antes de apartar a alguien de mi círculo íntimo, primero intento discutir con él cómo me gustaría que se fortaleciera la relación. Si está abierto a una discusión honesta y sin prejuicios, es de esperar que se pueda llegar a un entendimiento mutuo y a un acuerdo sobre cómo va a avanzar la relación. Sin embargo, te arriesgas a perder a la persona si no está dispuesta a aceptar tus límites.

Aunque hayas decidido que no era sano continuar la relación sin algunos cambios, podrías experimentar una sensación de pérdida si la persona disuelve la relación. Es un poco similar a romper con una pareja: te imaginabas que esa persona estaría siempre en tu vida. Pero, sabes en el fondo de tu corazón que tu bien mayor no está alineado con ella.

Sin embargo, temes tener que tomar la decisión tú. Aquí es donde entran en juego tus límites. Debes decidir con qué puedes vivir ahora. La situación puede cambiar en el futuro, pero todo lo que tenemos es el presente. En tu vida actual, ¿qué es lo mejor para tu bien mayor? ¿La negatividad de tener a esta persona en tu vida supera los beneficios?

- Destierro toda confusión sobre lo que es real en mis relaciones con los demás.

Tu verdad sagrada proviene de tu interior. No permitas que otras personas te confundan. El Espíritu siempre te indicará lo que es mejor para ti. Confía en tu guía interior; es real.

- Ya no me relaciono con nadie que intente hacerme dudar de mí misma.

El diccionario Miriam Webster define el gaslighting como: "La manipulación psicológica de una persona, generalmente durante un período prolongado, que hace que la víctima cuestione la validez de sus propios pensamientos, su percepción de la realidad o sus recuerdos, y que suele conducir a la confusión, la pérdida de confianza y de autoestima, la incertidumbre sobre la propia estabilidad emocional o mental y la dependencia del agresor".

En mi reciente y profunda tristeza, derramé muchas lágrimas por la frecuencia con la que me dejé manipular por mi familia, mis amigos y mi pareja. En lugar de admitir y asumir la responsabilidad de sus actos, tergiversaban la verdad para echar la culpa a cualquiera menos a ellos mismos. O insistían en que las cosas no habían sucedido. Con el tiempo, me sentí agotada. Me cuestionaba a mí misma y me resultaba difícil tomar decisiones o confiar en mi verdad. El gaslighting te mantiene en un estado de confusión perpetuo.

• No estoy obligada a sacrificar mi paz, serenidad y verdad para aplacar a los demás.

¿Cuánto tiempo vas a dejar que continúen situaciones poco saludables? Uno de mis problemas en esta vida ha sido darle demasiadas oportunidades a la gente. Cuando era pequeña, quería creer que podía contar con mi familia. Lo que obtuve a cambio fue un flujo continuo de promesas rotas. Incluso con la familia, puedes llegar a un punto en el que ya no estás dispuesto a aceptar ese tipo de comportamiento.

• Siempre honro y respeto mi verdad.

Se acabaron las dudas y los cuestionamientos. Ya no me permitiré comprometer mi verdad en mis relaciones con los demás.

- Libero todos los pensamientos, sentimientos y energía de víctima de mi mente, cuerpo, espíritu y espacio; en todas las formas, en todo momento, en todas las realidades y en todas las dimensiones.

Cuando Eduardo me dijo que estaba sufriendo por cada vida en la que no honré mi verdad, resonó en mí. Es hora de dejar ir toda la negatividad que experimenté en mis muchas vidas aquí en la tierra. Quiero ser responsable y entrar en mi auténtica y sagrada vida de forma más completa.

No más deseos o esperanzas de que las cosas cambien. Esta vez, me comprometo a hacer lo que sea necesario para liberar y dejar ir todo lo que no está sirviendo a mi propósito mayor.

Mejora tu autocuidado

Cuando se sufre estrés adicional, es buena idea aumentar el cuidado propio. Mi intuición me guio a añadir un poco de autocuidado adicional para ayudarme a mantenerme centrada durante este proceso de sanación.

- Suplemento homeopático para ayudar con el estrés.
- Nuevo producto de aromaterapia para mejorar la calidad de mi sueño.
- Pasar más tiempo en el bosque.
- Añadir música de cuencos de cristal y campanas curativas a mi escucha diaria.

- ❤ Comprar otra campana de viento para una de las zonas exteriores de mi casa.

- ❤ Compromiso de no repetir las cosas negativas que han pasado.

- ❤ Dejar de lado los apegos a los resultados. Mientras me comprometo a ser mí mejor yo, confío en que el Espíritu sabe lo que es mejor para mí. Viviré la vida que el Espíritu ha planeado para mí.

- ❤ Para mejorar mis habilidades para afrontar el aislamiento durante la pandemia, me he comprado un bonito conjunto de descanso. Como voy a pasar mucho tiempo sola, he decidido que merezco algo bonito que ponerme. Me aportará alegría y me recordará que valgo la pena; no necesito una ocasión especial ni necesito ponérmelo para nadie más que para mí misma. Soy suficiente ❤

¿Significa esto que una vez que domine esta sanación, no experimentaré más problemas?

No. Al igual que cuando se pela una cebolla, todos tenemos múltiples capas de experiencias en nuestras vidas actuales y pasadas. Cuando el mundo espiritual crea que estás preparado, te dará la oportunidad de limpiar y sanar más heridas.

Profundizar es un trabajo duro. Te pide que abordes cuestiones enterradas y olvidadas. El Espíritu te anima a llevarlos a la Luz, para que puedas aprender todo lo que esas experiencias vinieron a enseñarte. Aunque puede ser un reto, la recompensa vale la pena.

Cierra los ojos durante unos minutos. Respira profundamente. Visualízate libre de las ataduras que te impiden convertirte en tu auténtico yo. Respira la facilidad y la gracia que experimentarás en tu vida a medida que continúes tu viaje espiritual de sanación.

Recuerda que mientras te sanas a ti mismo y elevas tu vibración, también estás ayudando a sanar al mundo.

Capítulo 26

Cómo Puedes Ayudar a Sanar al Mundo

———————————— ᕲᏱᏮᏼ ————————————

Una de las mejores cosas que puedes hacer es sanarte a ti mismo y conectar con tu espiritualidad. A medida que aumente tu bienestar emocional, mental, físico y espiritual, tu energía vibratoria se elevará. Cuando te conectas con el Espíritu, ayuda a elevar la vibración de todo el planeta. Cuanto antes aceptes que estamos todos juntos en esto (todos somos uno) mejor será para el mundo.

Céntrate en lo que nos une y no en lo que nos separa

Estamos en una crisis de división. Hay peleas por todo: política, economía, salud, igualdad, responsabilidad social, derechos de las personas, historia, cambio climático, cómo afrontar la pandemia. Es fácil caer en una mentalidad de "nosotros contra ellos".

Te invito a dar un paso atrás y encontrar lo que tienes en común con personas que tienen puntos de vista muy diferentes a los tuyos. Míralos, míralos a los ojos, intenta conectar con sus almas. Son hijos, padres, hermanos o hermanas de alguien. Intenta encontrar una conexión. Intenta encontrar al menos una cosa que te guste de esa persona. No es necesario que se convierta en tu mejor amigo. Lo único que te pido es que lo veas con ojos nuevos y una actitud abierta.

Busca puntos en común para aliviar la tensión y comunicarte sin crear más conflicto. Mantente en el momento, para mantener el espacio para que tú y esta persona se vean de manera diferente. Si te parece demasiado difícil mantener un espacio neutral, siempre puedes acortar el encuentro. Recuérdate que está haciendo lo mejor que puede con lo que sabe. No tienes por qué estar de acuerdo ni tiene por qué que gustarte lo que hace. Si vemos a todo el mundo como nuestros hermanos y hermanas, es más difícil verlos como nuestros leales enemigos.

¿Significa eso que tienes que abandonar tus creencias para encajar con los demás? No. Quiero que seas tu auténtico yo. Siempre puedes limitar los temas de discusión con ciertas personas. Creo que te sorprenderá que cuanto más compartas tu auténtico ser sagrado con los demás, más compasión y comprensión crecerá entre ustedes. Tu disposición a compartir tu verdad les anima a hacer lo mismo.

Hace poco vi a un conocido. Estamos en el espectro opuesto en muchos temas. Como estoy trabajando en compartir toda mi auténtica verdad, no me interesa tratar de censurarme. Observé su reacción cuando mencioné que trabajo con un chamán. Al percibir que aceptaba que ese era mi camino, no hubo necesidad de que decidiera si alguna vez acudiría a un chamán o de que pensara diferente de mí porque lo hago.

Con el tiempo, establecimos una conexión genuina al encontrar y alimentar lo que tenemos en común. No hay que ser un espejo de las creencias de otra persona. Apreciamos nuestros puntos en común y no ejercemos presión para ajustarnos a las creencias del otro.

Todo el mundo desea ser visto, escuchado y comprendido. Si queremos que los demás acepten lo que somos, ¿no tenemos que hacer lo mismo? No estoy diciendo que aceptemos las acciones de alguien que está causando daño a los demás o a nuestro planeta. Un cambio de actitud puede suponer un cambio significativo. Envía amor a todo el mundo. No puedes controlar cómo te reciben, ven o aceptan. Pero puedes controlar tus acciones. Ponte del lado del amor. Sé un ejemplo de cómo tratar a los demás.

Hace poco encontré algunos cargos incorrectos en una factura, y tuve que llamar al servicio de atención al cliente, una de las cosas que menos me gustan. Me parece que es mejor esperar a no estar cansado o hambriento para hacer esas llamadas. Era la tercera vez que llamaba para solucionar el problema.

En lugar de tratar de apresurarme, se detuvo y me escuchó. Su capacidad de comunicación era extraordinaria. El tono y las palabras que utilizó fueron perfectos. Me dijo que estaba de acuerdo en que no debería haber necesitado tres llamadas para solucionarlo. Entonces se encargó del problema que los otros dos representantes no pudieron hacer.

Me sentí rodeada por la luz divina. Mi ira y frustración se desvanecieron. Esta llamada podría haber sido diferente si ella me hubiera tratado como el "enemigo" y no me hubiera escuchado. Habló conmigo, en lugar de dirigirse a mí.

El acto de escuchar, ver y reconocer a otra persona es un poderoso regalo. Imagina que tratas de hablar del calentamiento global con un no creyente. ¿Y si primero le preguntases por qué tiene ciertas creencias sobre el calentamiento global? Luego, en lugar de discutir, repite lo que ha dicho para demostrarle que lo has oído bien. Míralo a los ojos, enviando amorosa bondad a su corazón. Ahora respira profundamente y comparte con él algunas de tus creencias sobre el calentamiento global. Si podemos evitar la energía de "yo tengo razón, tú estás equivocado", mejorará tu comunicación con los demás.

La bendición y meditación de bondad amorosa budista puede ayudarte con esta práctica. Hay muchas versiones de la bendición y meditación de bondad amorosa. Puedes utilizar una de las que aparecen a continuación o personalizar la tuya propia.

Siéntate con los ojos cerrados. Respira profundamente. Despeja tu mente.

Primero, empieza por ti mismo:

—Puedo ser feliz.

—Puedo estar a salvo.

—Puedo estar sano, en paz y fuerte.

—Puedo dar y recibir agradecimiento hoy.

Ahora repite la bendición para todos los seres sintientes:

—Qué seas feliz.

—Qué estés a salvo.

—Qué estés sano, en paz y fuerte.

—Qué hoy des y recibas agradecimiento.

VeryWellMind.com,

"Cómo practicar la bendición y meditación de bondad amorosa"

<u>Otros ejemplos de la bendición de la bondad amorosa:</u>

—Puedo estar lleno de bondad amorosa.

—Puedo estar bien en cuerpo y mente.

—Puedo estar a gusto y ser feliz.

—Puedo estar lleno de bondad amorosa.

—Puedo estar bien en cuerpo y mente.

—Puedo estar tranquilo y feliz.

JackKornfield.com/meditación sobre la bondad amorosa

Piénsalo por un segundo. Si tus enemigos tienen mucha bondad amorosa, seguridad, bienestar y felicidad, tienen más posibilidades de tener una mente más abierta y compasiva. Quién sabe, puede que incluso piensen en el despertar y la iluminación. No siempre sabemos cómo afectamos a los demás. Al menos, les has enseñado a ser empáticos, amables y compasivos, incluso cuando no estén de acuerdo.

También serás testigo de cambios en tu propia vida. Cuando procedes de un lugar de amor amable, tu vida se llena de más compasión y empatía. Cuando estás en ese espacio, es más fácil que los demás escuchen y acepten lo que dices.

Basándome en mis experiencias espirituales y en la información de mis Guías Espirituales, nada producirá un cambio duradero a menos que más personas despierten para su propósito espiritual. Estamos desequilibrados con nuestro mundo. Muchas cosas que están sucediendo en este momento están tratando de llamar nuestra atención, despertarnos y hacer que pensemos y actuemos de manera diferente.

¿Cómo encontrar el equilibrio?

Cuando pones en orden tu vida espiritual, todo lo demás encaja. Pasas de un lugar más centrado en acciones guiadas por el ego a confiar en que serás guiado en el momento adecuado para actuar. Sí, todavía tienes que actuar. Estamos en cuerpos humanos; somos los que en este planeta necesitamos hacer el trabajo de campo para ayudar a sanar al mundo.

Resiste la tentación de hacer demasiadas cosas a la vez. Si te dispersas demasiado, es más probable que te agotes. Empieza con una causa. Determina cuál es la mejor manera de servir. Averigua qué se está haciendo. ¿Quieres ser una de las personas que "trabaja sobre el terreno" o eres más bien una persona "entre bastidores"? ¿Qué habilidades ofreces?

Una vez que hayas elegido las causas que quieres apoyar, haz todo lo posible por hacer tu trabajo con compasión, empatía y amor. ¿Recuerdas el dicho: "Se cazan más moscas con miel que con vinagre"? Es un simple recordatorio de que respondemos mejor cuando alguien nos trata con amabilidad en lugar de tratarnos como el enemigo.

Cuando estaba escribiendo el capítulo sobre los Niños Estrella, empecé a recibir visiones sobre un Movimiento Millennial. Como mencioné, no todos los millennials, la Generación Z y los Alfas llegaron como Niños Estrella. No es necesario ser un Niño Estrella para ayudar a sanar al mundo. Sin embargo, a medida que recuerden quiénes son y cuál es su propósito, serán los Niños Estrella los que tendrán el mayor impacto.

Preveo eventos del Movimiento Milenario en todo el mundo. Además de compartir información espiritual, será una oportunidad para que la gente se conecte de una manera más grande con las causas que son importantes para ellos. Puedes inscribirte para ayudar, global o localmente.

El Movimiento Millennial es para todas las personas de todas las edades. Es hora de crear un verdadero enfoque multigeneracional para sanar al mundo. Todos aportamos habilidades y talentos. Me encantaría que músicos, actores, expertos en tecnología y otras personas poderosas se unieran para ayudar a sanar al mundo.

¿Qué acción emprenderás para ayudar a sanar al mundo?

¿Quieres ser un sanador individual?

¿Has tenido alguna experiencia con la sanación de otras personas?

¿Qué tipo de sanación te interesa más?

- Espiritual
- Física
- Emocional
- Mental

¿Estás dispuesto a recibir formación para convertirte en sanador?

¿Qué métodos de sanación resuenan más en ti?

¿Te dedicas a las artes creativas?

Muchas veces, el Espíritu nos habla a través de las artes.

La música, las letras, las artes visuales, la palabra hablada y escrita pueden transmitir poderosos mensajes y afectar nuestro estado de ánimo.

¿Con qué causas te sientes más identificado?

- Adicción
- Derechos de los animales
- Deforestación
- Discriminación
- Desmantelar la supremacía blanca
- Problemas económicos
- Educación
- Medioambiente
- Igualdad para todos
- Inseguridad alimentaria
- Escasez de alimentos
- Derechos de género
- Calentamiento global y cambio climático
- Odio
- Salud
- Falta de vivienda
- Tráfico de personas
- Igualdad de ingresos

- Inclusión
- Aislamiento y soledad
- Salud mental
- Migración e inmigración
- Protección y preservación de la naturaleza
- Pandemias
- Brutalidad policiaca
- Contaminación
- Pobreza
- Racismo
- Reparaciones
- Vigilancia
- Consumo sostenible
- Escasez de agua
- Derechos de la mujer
- Violencia

Sí, el mundo tiene muchos problemas importantes. Muchas de las causas se sobreponen. Esta lista es para ayudarte a encontrar las áreas en las que te sientes más atraído a ayudar. Añade a la lista.

Amplía tus puntos de vista y horizontes

Cuando algo no está creando problemas en nuestro entorno inmediato, es fácil volverse complaciente. Podemos caer en la mentalidad de "nosotros/ellos" sin darnos cuenta. El hecho de que algo no esté ocurriendo en tu patio trasero no significa que no sea un problema o que no necesites ayudar.

Aquí es donde tu crecimiento espiritual puede ayudar. A medida que continúas en tu camino de despertar, ves al mundo de manera diferente. Experimentas la interconexión de todos y de todo. Cuando vives en un lugar empático y compasivo, ya no puedes hacer la vista gorda ante las dificultades de los demás.

Ahí es donde entra en juego la elaboración de una lista de prioridades que quieres abordar. Nosotros, como individuos, no tenemos la energía ni los recursos para luchar contra todo a la vez. Así que reduce tu apoyo a tus principales opciones. A continuación, elabora tu plan y haz algo. Es demasiado fácil convencerse de que solo eres una persona, ¿cómo puedes marcar una verdadera diferencia? Si todos tuviéramos esa actitud, no se haría nada. Confía en que las personas adecuadas aparecerán en el momento adecuado para ayudar. Tus acciones pueden ser la inspiración que otros necesitan para involucrarse.

A veces, un simple acto puede marcar una diferencia significativa a lo largo del tiempo

Sé consciente de tus pensamientos y actos. Crea nuevos hábitos. Empieza por elegir una causa que puedas apoyar. Comprométete a actuar; pon en práctica formas de rendir cuentas.

¿O qué tal si creas un reto? Pídele a tu familia y amigos que se unan a ti para sanar al mundo. Anímense y háganse responsables unos a otros. Elige por turnos la siguiente serie de acciones que vas a emprender.

He encontrado un artículo interesante, "101 Maneras de Sanar la Tierra", publicado originalmente en 1989 en Global

Climate Change por el Context Institute. Incluí este artículo para mostrar que llevamos décadas siendo conscientes de que tenemos que poner de nuestra parte para frenar el cambio climático. Lamentablemente, no hemos hecho lo suficiente y ahora nos enfrentamos a las graves consecuencias de nuestra inacción.

Espero que ya conozcas la mayoría de las cosas de la lista. Léelas de todos modos. Es hora de que todos recordemos lo que podemos hacer. Cuando se creó esta lista por primera vez, imagino que la mayoría de la población no aceptaba muchas cosas como necesarias. Treinta años después, tenemos problemas climáticos mucho mayores que requieren soluciones mucho más grandes.

"101 Maneras de Sanar la Tierra"

¿Qué puede hacer una sola persona para evitar el cambio climático? La respuesta es mucho. Esta lista de 101 sugerencias no agota las posibilidades; utilízala como punto de partida creativo y piensa en tus propias formas de influir.

Los temas que se unen aquí son cambios en el estilo de vida que: (1) reduzcan el uso de energía y frenen el fuego del industrialismo; (2) protejan y restauren el medio ambiente para que se preserven sus mecanismos de estabilización del clima; (3) aumenten la participación individual en las decisiones gubernamentales y económicas; y (4) faciliten un profundo compromiso personal con el cuidado de la tierra.

No se trata de sentirse culpable por no hacer las 101 cosas, sino utilizar esta lista para que tú y tus amigos se sientan capaces de actuar. Encuentra una cosa que puedas hacer, hazla y luego busca otra. Sumando estos pasos se hacen largos viajes.

La lista se ha extraído de tres fuentes: "The Greenhouse Crisis: 101 Ways to Save the Earth", publicado por la Greenhouse Crisis Foundation; "Personal Action Guide for the Earth", publicado por el Proyecto Transmissions para el Programa de las Naciones Unidas para el Medio Ambiente; e investigaciones del Context Institute.

1. Aísla tu casa.

2. Compra electrodomésticos de bajo consumo.

3. Sella y aísla puertas y ventanas.

4. Instala ventanas contra incendios.

5. Cierra las áreas de tu casa que no se utilicen para la calefacción y el aire acondicionado.

6. Utiliza ropa de abrigo y baja la calefacción en invierno.

7. Cambia a bombillas de bajo consumo o fluorescentes.

8. Apaga todas las luces que no necesiten estar encendidas.

9. Utiliza agua fría en lugar de caliente siempre que sea posible.

10. Opta por cocinar en un horno pequeño o en un fogón cuando prepares comidas pequeñas.

11. Enciende el lavavajillas solo cuando esté lleno.

12. Ajusta los frigoríficos a 38 grados Fahrenheit y el congelador a 5 grados Fahrenheit.

13. Haz funcionar las lavadoras de ropa a tope, pero no las sobrecargues.

14. Utiliza cantidades moderadas de detergente biodegradable.

15. Seca la ropa al aire cuando sea posible.

16. Limpia el filtro de pelusa de la secadora de ropa.

17. En lugar de planchar, cuelga la ropa en el baño mientras te duchas.

18. Dúchate rápidamente en vez de tomar un baño.

19. Instala cabezales de ducha y aireadores de grifos de lavabo que ahorren agua.

20. Instala inodoros asistidos por aire o de compostaje.

21. Colecta el agua de lluvia y las aguas grises para su uso en el jardín.

22. Aísla tu calentador de agua. Bájalo a 121 Fahrenheit.

23. Planta árboles de hoja caduca que protejan las ventanas contra el sol en verano pero que permitan su entrada durante el invierno.

24. Explora la posibilidad de adquirir un calentador de agua solar para tu casa.

25. Aprende a reciclar todos los enseres domésticos, desde la ropa hasta el aceite de motor y los electrodomésticos.

26. Empieza a separar el periódico, el resto del papel, el vidrio, el aluminio y los residuos alimentarios.

27. Anima a tu centro o programa de reciclaje local a aceptar el plástico.

28. Insta a los funcionarios locales a que comiencen a recoger los materiales reciclables y los residuos peligrosos en las carreteras.

29. Anima a tus amigos, vecinos, empresas y organizaciones locales a reciclar y a patrocinar los esfuerzos de reciclaje.

30. Utiliza productos reciclados, especialmente el papel.

31. Reutiliza los sobres, los tarros, las bolsas de papel, el papel de desecho, etc.

32. Lleva tus bolsas de lona al supermercado.

33. Anima a las administraciones locales a comprar papel reciclado.

34. Inicia un programa de reciclaje en tu lugar de trabajo.

35. Limita o elimina el uso de artículos desechables.

36. Insta a las cadenas de comida rápida a utilizar envases reciclables.

37. Evita usar cualquier cosa hecha de espuma de plástico. A menudo lo fabrican con CPC, y nunca es biodegradable.

38. Si tu coche rinde menos de 35 mpg, véndelo; compra un modelo pequeño de bajo consumo y gasta el dinero que ahorres en la eficiencia energética de tu hogar.

39. Mantén y pon a punto tu vehículo regularmente para obtener el máximo rendimiento de la gasolina.

40. Utiliza transportes compartidos o el transporte público para desplazarte.

41. Escribe a los fabricantes de automóviles para comunicarles tu intención de comprar el coche más eficiente en cuanto a consumo de combustible.

42. Reduce tu uso de aire acondicionado.

43. Anima a los centros automovilísticos a que instalen equipos de reciclaje de CFC para los aires acondicionados de los automóviles. Estos liberan freón durante las revisiones, convirtiéndose en un gas de efecto invernadero y en un destructor de la capa de ozono.

44. Elimina los artículos innecesarios de tu coche. Cada cien libras de peso disminuye la eficiencia del combustible en un uno por ciento.

45. No conduzcas a gran velocidad.

46. Camina o utiliza la bicicleta siempre que sea posible.

47. Insta al gobierno local a que promulgue restricciones sobre el uso de automóviles en las zonas congestionadas del centro de la ciudad.

48. Disfruta de los deportes y actividades recreativas que utilizan tus músculos en lugar de gasolina y electricidad.

49. Compra productos que duren.

50. Alquila o pide prestados artículos que no utilices a menudo.

51. Mantén y repara los artículos que tienes.

52. Utiliza tejidos de color para evitar la necesidad de blanquear.

53. Utiliza ropa, ropa de cama y toallas de fibra natural.

54. No compres aerosoles, extintores de halón u otros productos que contengan CFC.

55. Escribe a los fabricantes de chips de ordenador e insísteles en que dejen de utilizar el CFC-113 como disolvente.

56. Invierte tu dinero en empresas con conciencia ambiental y social.

57. Evita los productos de la selva tropical e informa al proveedor o al fabricante de tus preocupaciones.

58. Utiliza tarjetas postales en lugar de cartas para mensajes breves.

59. Come alimentos vegetarianos en la medida de lo posible. La carne hace un uso menos eficiente de la tierra, el suelo, el agua y la energía, y las vacas emiten 300 litros de metano al día.

60. Compra alimentos producidos localmente; evita comprar alimentos que deban ser transportados en camión desde grandes distancias.

61. Lee las etiquetas. Coma alimentos orgánicos o menos procesados.

62. Inicia un jardín; planta un jardín en lugar de césped.

63. Riega el jardín con un sistema de goteo subterráneo.

64. Apoya los métodos de agricultura y jardinería ecológica; evita los fertilizantes, herbicidas y pesticidas químicos.

65. Composta los residuos de la cocina y el jardín, o dáselos a un amigo que pueda hacerlo.

66. Informa a las escuelas, hospitales, aerolíneas, restaurantes y medios de comunicación de tus preocupaciones.

67. Mantente informado sobre el estado de la tierra.

68. Habla con tus amigos, familiares y compañeros de trabajo sobre la prevención del cambio climático global.

69. Lee y apoya las publicaciones que educan sobre la sostenibilidad a largo plazo.

70. Funda un grupo de estudio sobre el cambio climático global.

71. Educa a los niños sobre las prácticas de vida sostenible.

72. Copia esta lista y dásela a diez amigos.

73. Haz un viaje de diplomacia ciudadana y habla con los que conozcas sobre cómo evitar el cambio climático global.

74. Participa en programas locales de plantación de árboles.

75. Únete a una organización medioambiental. Si no están involucrados en el cambio climático, haz que se involucren.

76. Apoya el crecimiento cero de la población.

77. Apoya el trabajo para aliviar la pobreza. La pobreza provoca la deforestación y otros problemas medioambientales.

78. Haz donaciones de dinero a organizaciones ecologistas.

79. Respalda los programas que tienen como objetivo salvar las zonas de selvas tropicales.

80. Ayuda al desarrollo de la energía solar y de las energías renovables.

81. Trabaja para proteger las zonas de las cuencas hidrográficas locales.

82. Pavimenta lo menos posible. Recupera el exceso de hormigón.

83. Anima a las depuradoras a compostar sus lodos.

84. Escribe ahora a tu senador para que apoye la S. 201 de la Ley de Política Medioambiental Mundial.

85. Escribe ahora a tu congresista para que apoye la H.R. 1078 de la Ley de Prevención del Calentamiento Global.

86. Apoya el desarme y la reorientación de los fondos militares a la restauración del medioambiente.

87. Escribe cartas al editor expresando tu preocupación por el cambio climático y los problemas medioambientales.

88. Apoya a los candidatos electorales que se presenten con plataformas medioambientales.

89. Preséntate a las elecciones locales con una plataforma medioambiental.

90. Asiste a las reuniones del ayuntamiento y habla para que se tomen medidas sobre los problemas del cambio climático.

91. Organiza una iniciativa ciudadana para poner en marcha un programa local de protección del clima.

92. Aprende a ejercer presión. Presiona a tus funcionarios electos locales, estatales y nacionales para que actúen contra el cambio climático y los problemas medioambientales.

93. Organiza una manifestación en una planta que utilice CFC.

94. En lugar de ver la televisión y escuchar música, dedica tiempo a leer, escribir, dibujar, contar historias y hacer música.

95. Vive dentro del clima local tanto como sea posible, en lugar de tratar de aislarte de él.

96. Esfuérzate por establecer una buena comunicación con amigos, vecinos y familiares, incluyendo el aprendizaje de habilidades para la resolución de conflictos.

97. Dedica tiempo a ver, escuchar y regocijarte en la belleza de la tierra. Siente tu amor por la tierra. Haz que servir a la tierra sea tu primera prioridad.

98. Aprende sobre los estilos de vida simplistas y menos consumistas de recursos de los pueblos aborígenes.

99. Piensa a menudo en el tipo de tierra que te gustaría ver para los nietos de tus nietos.

100. Aunque hagas cosas pequeñas, piensa en grande. Piensa en rediseñar las ciudades, en reestructurar la economía, en reconcebir el papel de la humanidad en la tierra.

101. Reza, visualiza, espera, medita, sueña.

Esta lista es un buen ejemplo de cómo la acción individual puede marcar la diferencia. Haz tu lista de tareas para las causas que decidas apoyar. Sé consciente de tus acciones. Ya no basta con tener la intención de ayudar a sanar nuestro mundo. Debes poner en práctica tus creencias y prioridades. Se nos acaba el tiempo.

Una parte importante de la sanación del mundo es despertar el propósito de tu vida espiritual. Reza y medita para que te guíen y entiendan tu papel específico para ayudar a nuestro planeta. Todos tenemos papeles importantes que desempeñar.

Si no he logrado nada más con este libro, rezo para que te haya inspirado y motivado a aceptar tu lado espiritual. Si no mejoramos nuestra conciencia espiritual, todas las demás cosas que podamos hacer para sanar al mundo no supondrán una diferencia duradera. Mis visiones y mis Guías Espirituales han dejado claro que los muchos problemas a los que se enfrenta nuestro planeta son síntomas de estar en desequilibrio con nosotros mismos y con el mundo. La Madre Tierra nos está mostrando que no seguirá por este camino.

Los problemas están aquí para llamar nuestra atención, para despertarnos. Hazlo tu prioridad. Aunque se nos está acabando el tiempo, todavía podemos crear un resultado diferente.

No te vuelvas complaciente. No esperes a que otros rescaten el mundo. Da un paso hacia adelante y haz tu parte ahora.

Capítulo 27

Llega el Equipo de Rescate

⟳⟲⟳

n 2011, tuve un sueño profético increíble. Había estado luchando contra la frustración de que mis Guías Espirituales me dijeran que no intervendrían para aliviar toda la tragedia y el sufrimiento en la tierra hasta que más personas despertaran. Creo que mis guías querían darme la esperanza de que la ayuda llegaría.

Fue uno de los sueños más profundos que he experimentado. Más que un sueño lúcido, sentí que estaba allí, como si hubiera viajado al futuro. Todo era muy real y vívido. Mi intuición me dijo que protegiera este sueño no revelando los detalles a nadie. Lo máximo que mencioné fue que nos rescatarían cuando suficientes personas despertaran para su propósito espiritual.

Me guardé el sueño para mí, ya que me preocupaba que la gente intentara bloquear la misión de rescate. Aunque confiaba en ella, ni siquiera compartí los detalles del sueño con mi intérprete de sueños. Recibía mensajes espirituales para que no hablara del sueño en Internet, y todo nuestro trabajo lo hacíamos en línea.

Cuando me mudé a la ciudad de Oaxaca en enero de 2020, conocí a una profesora universitaria estadounidense que estaba investigando para su libro académico sobre el chamanismo en México. Me pidió una entrevista. Pensé que solo quería que le contara mi experiencia trabajando con chamanes. También quería conocer mis propias habilidades chamánicas. Después de un par de horas de entrevista, sentí confianza y le conté el sueño de rescate. Pero era estrictamente extraoficial.

Entonces, ¿por qué estoy dispuesta a compartir el sueño ahora en este libro? Parece que estamos en un punto de inflexión. He llegado a un punto de claridad en el que es el momento adecuado para compartir todo. Cuando estoy en paz y ya no me preocupa compartir el sueño, esa es mi señal de que es el momento de avanzar. Todo es cuestión de confianza.

Al igual que la profecía sobre las Abuelas Espirituales a las que se les pide que compartan sus secretos más sagrados, estoy dejando de proteger este sueño sagrado y secreto, confiando en que quien necesite saber sobre el rescate, lo encontrará aquí. Mi intención con todo lo que he puesto en este libro es ayudar a más personas a despertar.

Bienvenido al futuro

El sueño comienza con mi hermana y yo desempacando el baúl de su auto después de un viaje.

Suena mi teléfono.

—Hola.

—Habla tu padre.

—¿Cómo es posible? Llevas décadas muerto.

Mi padre contestó:

—Mira hacia arriba.

—¿Qué? ¿Por qué me pides que mire hacia arriba?

Respondió:

—Los rosados están aquí.

Miré al cielo, asombrada de que unos pequeños paracaídas rosas, de material similar al tul, cubrieran todo el cielo.

—No lo entiendo. Hay pequeños paracaídas rosas por todas partes, pero no veo a ninguna persona.

Mi padre respondió:

—Eso es porque son seres de otras dimensiones. Han venido a ayudar a sanar y reconstruir nuestro mundo. Ahora tengo que irme.

Levanté la vista y me di cuenta de que mi hermana se había ido. Entonces me di cuenta de que había gente caminando que no había visto antes. Era como ver que un grupo de cinco personas se convertían en diez en un abrir y cerrar de ojos.

Algunos llevaban tablas sujetapapeles. Se acercaban a ciertas personas, hacían algunas preguntas y luego las guiaban hacia un grupo que parecía estar esperando algo.

Todo sucedió rápidamente después de la llamada de mi padre; intentaba comprender lo que estaba sucediendo. Los seres de otras dimensiones estaban aquí. La pregunta más importante: ¿habían venido a ayudar o a hacer daño?

Un momento después, una persona con una tabla sujetapapeles se dirigió hacia mí. Mi cuerpo se tensó. ¿Por qué se dirigían a determinadas personas?

Al acercarse a mí, la persona preguntó:

—Tienes esclerosis múltiple. ¿Es eso cierto?

—¿Cómo lo sabes? ¿Por qué te importa eso?

Continuó:

—Hemos investigado antes de llegar. Estamos reuniendo a personas que pueden necesitar más ayuda.

Sin saber sus motivos, y aún recelosa y un poco temerosa de ellos, les hice una petición.

—Necesito hacer una llamada telefónica primero.

—¿Por qué? ¿A quién necesitas llamar?

—Necesito llamar a un amigo cercano para decirle que los Rosados están aquí.

Respondió:

—Tu amigo ya lo sabe. Somos del reino angélico. En cuanto nuestros paracaídas tocaron el suelo, nos transformamos en cuerpos humanos. Esto está ocurriendo ahora mismo, en todo el mundo. Estamos aquí para ayudar a sanar y reconstruir.

Todavía inquieta, caminé con ellos hacia el grupo que ya habían reunido. Me enteré de que estábamos esperando un minibús para que nos transportara a algún sitio.

Cuando llegó el minibús, subimos todos.

Pude oír a los rosados hablando entre ellos. Miré a mí alrededor y me di cuenta de que nadie hablaba en voz alta.

Sin pensarlo, les dije:

—¿Cómo puedo entender lo que dicen si no hablan en voz alta? ¿Les estoy oyendo hablar telepáticamente?

—Sí, así es.

—¿Y no están censurando lo que dicen delante de mí?

—No. No necesitamos filtrar u ocultar nuestras conversaciones. Estamos aquí para ayudar.

Pregunté:

—Entonces, ¿todos en este autobús tienen algún tipo de problema de salud?

—Sí. Queremos cuidar especialmente a los que puedan necesitar ayuda adicional.

En la siguiente parte del sueño, mi hermana y yo nos instalamos en una habitación de motel. Al notar varias figuras de animales espirituales puestas en la parte superior de un cofre en la esquina, me di cuenta de que los animales espirituales estaban allí para protegernos y traernos mensajes.

El primero era un jaguar negro, que representa el poder, la velocidad y la agilidad. Cuando busqué el significado simbólico del jaguar, tenía todo el sentido que estuviera en el sueño. Los jaguares nos ayudan a entender los caminos y patrones de nuestra vida, especialmente durante el caos. También nos ayudan a pasar a otras dimensiones y reinos. Los jaguares facilitan el trabajo del alma, el empoderamiento, la visión psíquica y el cambio de forma.

La siguiente figura era una nutria. Conocida por potenciar la creatividad, la transformación y las habilidades psíquicas, la nutria te ayuda a navegar por tu vida emocional con facilidad y alegría. También representa el poder femenino, la gracia y la buena fortuna.

El último era un hurón, que nos ayuda a reevaluar las decisiones que tomamos en la vida. Son observadores agudos con una fuerte intuición. Su capacidad de ver en la oscuridad te recuerda que debes utilizar todos tus sentidos y te ofrece inspiración y esperanza cuando luchas contra tiempos oscuros.

Como el mensaje de mi padre mencionaba a los "rosados" y los seres angélicos utilizaban paracaídas rosas para llegar, quise saber más sobre el significado espiritual del color rosa. Lleno de amor, compasión y energía femenina, el color rosa es el chakra superior del corazón. Nos hace sentir tranquilos, nutridos y aceptados. El rosa trae más positividad y esperanza a tu vida. Si me siento desanimada o abrumada por el futuro de nuestro mundo, pienso en este sueño. Es reconfortante saber que la ayuda de otras dimensiones está llegando.

Esto no significa que todo lo que tenemos que hacer es esperar a ser rescatados. Concéntrate en tu crecimiento personal y en lo que puedes hacer para ayudar a que nuestro mundo sea un lugar mejor. Recuerda que el mundo de los espíritus está esperando a que más personas despierten antes de venir. Es hora de que enviemos un mensaje coherente con nuestras acciones de que queremos ayuda y estamos preparados para recibirla.

Es un momento emocionante para estar en la tierra. A medida que despiertes, verás y experimentarás una nueva y asombrosa forma de vivir, llena de guía divina, luz y amor. Te sentirás profundamente conectado. Reclama tu nueva vida ahora: buena salud, abundancia, felicidad, pasión, paz, prosperidad, propósito y alegría.

Epílogo:
La Energía de las Ballenas

———————— ༄༅ ————————

Q ué viaje tan interesante ha sido este. Me he dado cuenta de que la energía de la ballena describe perfectamente mi experiencia. Muchos creen que la ballena es el guardián de los registros en el mundo espiritual. La gente de la medicina de ballenas tiene una codificación de ADN especial que permite que las frecuencias de sonido revelen recuerdos antiguos.

Esto tiene mucho sentido para mí. La música y los sonidos siempre han sido importantes para mí. Cuando me metí en la vía rápida del despertar espiritual después de mudarme a Asheville, empezaron a jugar un papel aún más importante en mi vida. Escuchar música sagrada provocó un increíble despertar del Kundalini y una activación espontánea de la pineal. Uno de mis tipos de sanaciones favoritas es la sanación con sonido. Siempre utilizo la música durante mi trabajo de sanación.

El sonido es una parte importante de mis visiones proféticas. A menudo, una visión comienza al escuchar algo que una persona dice. Instintivamente, les pido que repitan lo que han dicho varias veces, y entonces se me aparece una visión, como si estuviera viendo una película. Luego me di cuenta de que no era lo que decían, era el tono de su voz lo que desencadenaba algo en mí para ver las visiones.

La mayoría de los curanderos pueden escuchar frecuencias que normalmente no se perciben. Tienen grandes habilidades psíquicas, incluida la capacidad de comunicarse telepáticamente.

Lo que me llamó la atención cuando aprendí sobre la energía de las ballenas en el mundo espiritual es que muchos de ellos no despiertan sus dones espirituales a menos que sea el momento de acceder a los recuerdos y utilizarlos. Tampoco entienden cómo pueden hacer o conocer cosas como la forma de acceder a la mente universal del Espíritu. Poco a poco, todo se aclara.

Eso me explica muchas cosas. Todo lo que ocurrió fue inesperado. Cuando empecé a recordar la sabiduría ancestral y a utilizar mis habilidades espirituales, no entendía por qué o cómo estaba sucediendo. Todo lo que sabía era confiar en el Espíritu y permanecer abierta a lo que pudiera aparecer.

Mientras continúas con tu viaje de despertar y sanación, aquí tienes unas cuantas verdades espirituales sencillas para recordar.

💜 **Escucha a tu guía** 💜 **Permanece abierto** 💜

💜 **Confía en tu intuición** 💜

💜 **Confía en el universo** 💜

💜 **Ríndete ante el tiempo divino** 💜

💜 **Haz el trabajo** 💜 **Espera milagros** 💜

Palabras del Índice

A

Abuela espiritual, 132, 133, 134
Activación de la glándula pineal, 40
Alfa(s), ix, 140, 142, 218
Altar(es), 86, 161, 162
Arco iris, 142, 143

B

Bendición y meditación de bondad
    amorosa, 216, 217
Buda, 130

C

Cambio de forma, 236
Cáncer, 58, 59, 60, 75, 76, 78, 82,
    83, 88, 175, 181, 189, 190, 196,
    198
Chakra(s), 23, 39, 50, 63, 84, 86,
    95, 125, 126, 165, 166, 184,
    187, 191, 192, 237
Chamán, i, viii, 5, 51, 69, 70, 73,
    76, 77, 88, 95, 96, 102, 127,
    164, 183, 200, 204, 214
Charco del Ingenio, 93
Covid, 106, 111, 112, 114, 116, 117
Creta, 100, 101, 102, 104, 245

Crisis de Salud, viii, 75
Cristales, 86, 142, 143, 162, 183,
    184, 188, 246
Cuerpo del Alma, 38, 39, 40, 41, 42,
    63, 73, 88, 96, 97, 172
Curandero chamán, i, 70, 96

D

Descarga espiritual, 136
Diosa, 7, 101

E

Ecuador, viii, 5, 69, 70, 73, 75, 84,
    95, 104, 116, 127, 183, 245
Egipto, 7, 37, 38, 57, 72, 73, 76, 77,
    78, 80, 85, 86, 89, 92, 94, 95,
    101, 115, 116, 127, 129, 184,
    245
Endometriosis, 10, 11
Enfermedad incurable, viii, 16, 245
Esclerosis múltiple/EM, 16, 17, 18,
    19, 20, 21, 22, 69, 97, 98, 136,
    147, 148, 159, 185, 193, 195,
    235
Espacio sagrado, 40, 86, 87
Espíritu del agua, 121, 122, 123

G

Generación Z, ix, 140, 141, 142, 218
Grecia, 36, 99, 102, 104, 184, 245
Guía(s) espiritual(es), 6, 7, 14, 15, 30, 31, 32, 33, 34, 38, 40, 44, 50, 51, 54, 58, 60, 62, 74, 79, 84, 92, 97, 108, 111, 112, 113, 127, 129, 132, 133, 136, 140, 148, 153, 164, 176, 178, 205, 217, 231, 232, 245

I

Índigo(s), 142, 143, 192, 246
Iniciación y Activación del Karpay, 95, 97
Inmersión sonora, 51, 52, 53, 54, 55, 56, 81, 84, 86
Intuición, 23, 24, 28, 29, 39, 82, 121, 146, 147, 148, 149, 150, 151, 152, 153, 154, 155, 156, 163, 165, 166, 177, 178, 184, 192, 207, 210, 232, 236, 239, 246

K

Kirtan, 64, 65, 66, 67, 152, 159
Kundalini, 23, 24, 29, 31, 203, 238

L

Lectura psíquica, 124, 125, 154
Limpia, 183, 225

M

Maestro espiritual, 178
Médicos intuitivos, 24, 25, 26, 28, 29, 187
Meditación guiada, 25, 36, 152, 161, 203
Meditar/meditación, 22, 25, 36, 78, 91, 97, 112, 137, 151, 152, 155, 160, 161, 165, 170, 186, 189, 194, 198, 199, 202, 203, 205, 217
Mediumnidad, viii, 69, 245
Mentor espiritual, 144
México, i, viii, 34, 69, 89, 104, 105, 106, 107, 114, 117, 118, 119, 120, 124, 125, 134, 162, 183, 184, 233, 245
Milagro, viii, 9, 10, 11, 97, 109
Millennial(s), ix, 140, 141, 142, 218, 219, 244
Música sagrada, 68, 86, 112, 152, 200, 238

N

Niños estrella, 142, 145, 218

O

Oaxaca, 106, 107, 112, 114, 119, 124, 233
Orbes, 108, 109, 110

P

Palacio de Knossos, 101
París, 5, 6, 72, 73, 102, 245

Pátzcuaro, 119, 120, 123
Pensamientos/mensajes intuitivos, 2,
    5, 38, 73, 83, 124, 146, 147,
    149, 150, 152, 153, 154, 156,
    161, 163, 178, 182, 183, 206,
    207, 209, 210, 222, 246
Perdonar, 79, 80
Portugal, 69, 99, 104, 105
Punto de salida, 117, 118

R

Reencarnación, 4
Regresión a vidas pasadas, 35, 54,
    76, 78, 190
Reiki, 31, 32, 80, 84
Retiro de sanación, 191

S

Sabios, 37, 54, 55, 56, 57, 60, 76,
    77, 78, 80, 83, 84, 85, 86, 92,
    93, 94, 95, 115, 116, 127, 143
San Miguel de Allende, viii, 34, 69,
    89, 95, 96, 105, 151
Sanación a distancia, 31
Sanación alternativa, 8, 24, 28, 81,
    175, 176, 177, 179, 187
sanación chamánica energética
    intuitiva, 245
Sanación energética, 6, 30, 31, 32,
    33, 37, 49, 51, 70, 76, 82, 92,
    156, 165, 188, 191
Sanación por inmersión de sonido,
    55, 60, 198

Sanación Yin Yang, 37, 57, 76, 115,
    116
Sanador psíquico, 39, 57, 83, 117,
    193
Shaktipat, 22, 23, 24, 29
Sincronicidad, 68
Sueño lúcido, 13, 14, 15, 102, 135,
    232
Sueño(s), ii, iv, viii, 4, 5, 9, 10, 11,
    12, 13, 14, 15, 23, 38, 43, 44,
    46, 47, 51, 61, 62, 63, 68, 70,
    72, 77, 102, 121, 135, 152, 153,
    181, 182, 198, 199, 200, 202,
    210, 232, 233, 236, 237, 245,
    246
Sueño(s) de visión, 14, 15, 43, 44,
    153
Sueños proféticos, 38, 43, 44, 61

T

Telepáticamente, 77, 81, 118, 143,
    235, 239
Templo de Zeus, 99, 100
Terapeuta de regresión a vidas
    pasadas, 36
Terapeuta transpersonal, 25, 60
Terapia de sanación con sonido, 198
Trance, 6, 7, 50, 64, 65, 68, 70, 91,
    125, 137, 183, 186, 193
Transformación, i, 8, 23, 87, 121,
    122, 164, 167, 204, 236
Trauma, i, 24, 25, 29, 183, 190,
    200, 205, 245

U

Universo(s) paralelo(s), 46, 51, 245

V

Viaje chamánico con tambores, 34, 91

Vidas pasadas, i, viii, ix, 3, 4, 5, 6, 35, 36, 37, 43, 49, 50, 51, 57, 69, 72, 73, 76, 77, 92, 94, 99, 100, 102, 129, 142, 171, 184, 190, 204, 245, 246

Visiones de vigilia, 63

Vórtice(s), 53, 56, 93

W

Walk-In, 63

Expresiones De Gratitud

Estoy llena de gratitud y aprecio por la familia, los amigos y los colegas que mantuvieron el espacio de aliento y apoyo durante el viaje de escribir este libro. No podría haberlo hecho sin todos ustedes.

Un agradecimiento especial a Anna Claudia Wachter, una amiga millennial que me convenció de escribir estas memorias espirituales.

Agradezco especialmente a Caleb Beissert por contribuir con su poema "Una luz que brilla" y a Wendy Andrew, por la hermosa ilustración de la portada.

Estoy especialmente agradecida con todos los profesionales que me ayudaron con sus comentarios y sugerencias: lectores beta, editores de desarrollo, editores de línea, correctores de pruebas, editor de textos, diseñador de la portada, maquetador, traductor al español y consultores de marketing. Estoy eternamente agradecida a todos los que me ayudaron a convertir una idea en un libro pulido y atractivo.

Sobre la Autora

El extraordinario viaje de Chloe está lleno de visiones, sueños lúcidos y proféticos, universos paralelos, sueños colectivos y conocimiento de vidas pasadas. Se curó de un trauma profundamente arraigado, de una enfermedad incurable y de graves afecciones médicas. Chloe comparte las principales experiencias espirituales que ha tenido en Atenas, Grecia; Creta; París, Francia; México; Ecuador; Egipto; y Asheville, NC. Chloe ha realizado sesiones de sanación chamánica energética intuitiva y de mediumnidad en los Estados Unidos, México y Ecuador.

Chloe es una galardonada escritora, directora creativa, artista multimedia y exeditora en jefe y editora de una premiada revista. Ahora es una Guardiana de la Sabiduría que puede prever e interpretar la verdad divina. Sus conexiones con los Guías Espirituales en otras dimensiones aportan conocimiento cósmico a su antigua sabiduría.

Entre las habilidades psíquicas de Chloe se incluye:

- **clarividencia** - ve más allá de la percepción ordinaria
- **clariaudiencia** - escucha mensajes del mundo de los espíritus
- **profecía** - percibe eventos futuros
- **visión remota** - conecta y cura a distancia
- **telepatía** - envía y recibe pensamientos a través de la energía extrasensorial
- **clairsentiencia** - utiliza una fuerte intuición que da información y avisos del mundo espiritual.

"La intensa sanación que recibí de Chloe me ayudó a abrirme a los traumas y el dolor de vidas pasadas y a limpiar el karma para que mi vida actual pueda progresar sin seguir llevando cargas del pasado. Me siento más ligera y libre para continuar mejor este viaje de la vida como Trabajadora de la Luz. Me sentí rodeada de una luz dorada sanadora. En los días y noches posteriores, experimenté sueños y visiones vívidas que me ayudaron a procesar el dolor pasado y a prepararme para el trabajo que está por venir. Recomiendo encarecidamente esta experiencia de sanación para cualquiera - especialmente a todos los Trabajadores de la Luz, Personas Estrella e Índigos". — **C. P., Enfermera Titulada**

"Muchas gracias, Chloe, por la sesión de sanación. Definitivamente sentí un cambio durante y después de nuestra sesión y no hay duda de que tuvo algo que ver con los resultados positivos que recibí en mi cita con el médico. Eres una verdadera sanadora. Cada pequeño toque, desde la música, los cristales, el sonajero, la pluma, hasta incluso las tarjetas para las afirmaciones posteriores, crearon un lugar muy seguro y sagrado para mí. Eres un faro de luz y amor. Siempre me siento bendecida de estar en tu presencia; continuamente me recuerdas lo divino". — **K. M.**

www.ChloeKempWisdomKeeper.com